ALAM

# manifiesto

**TRES TEXTOS CLÁSICOS PARA CAMBIAR EL MUNDO**

# manifiesto

**TRES TEXTOS CLÁSICOS PARA CAMBIAR EL MUNDO**

**ERNESTO CHE GUEVARA
CARLOS MARX & FEDERICO ENGELS
ROSA LUXEMBURGO**

PREFACIO POR ADRIENNE RICH
INTRODUCCIÓN POR ARMANDO HART

Ocean Press

Melbourne ■ Nueva York ■ La Habana
www.oceanbooks.com.au

ISBN 10: 1-920888-13-6
ISBN 13: 978-1-920888-13-8
Library of Congress Catalog No: 2004106394

Primera impresión 2006

**PUBLICADO POR OCEAN PRESS**
**Australia:** GPO Box 3279, Melbourne, Victoria 3001, Australia
Fax: (61-3) 9329 5040 Tel: (61-3) 9326 4280
E-mail: info@oceanbooks.com.au
**EE.UU:** PO Box 1186, Old Chelsea Stn., New York, NY 10113-1186, USA
**Cuba:** Calle 7, No. 33610, Tarará, La Habana
E-mail: oceanhav@enet.cu

**DISTRIBUIDORES DE OCEAN PRESS**
*EE.UU y Canadá:* **Consortium Book Sales and Distribution**
Tel: 1-800-283-3572    www.cbsd.com

*Australia y Nueva Zelanda:* **Palgrave Macmillan**
E-mail: customer.service@macmillan.com.au

*Gran Bretaña y Europa:* **Turnaround Publisher Services**
E-mail: orders@turnaround-uk.com

*Cuba y América Latina*: **Ocean Press**
E-mail: oceanhav@enet.cu

ocean

**info@oceanbooks.com.au**
**www.oceanbooks.com.au**

# índice

# adrienne rich

## "CARLOS MARX, ROSA LUXEMBURGO Y CHE GUEVARA"

Si es curioso y sensible a la vida que existe a su alrededor, si le preocupa por qué, cómo y por quiénes se tiene y se utiliza el poder político, si siente que tienen que haber buenas razones intelectuales para su intranquilidad, si su curiosidad y sensibilidad lo llevan a un deseo de actuar con otros, para "hacer algo", ya tiene mucho en común con los autores de los tres ensayos que contiene este libro.

Los ensayos que aparecen en *Manifiesto* fueron escritos por tres personas relativamente jóvenes — Carlos Marx cuando tenía 30 años; Rosa Luxemburgo, con 27 años; Che Guevara, a la edad de 37. Aunque habían nacido en momentos históricos diferentes y en generaciones diferentes, compartían una energía que da la esperanza, un compromiso con la historia, una creencia que el pensamiento crítico tiene que guiar la acción, y una pasión por el mundo y sus posibilidades humanas. Esa sociedad, como estaba construida materialmente, tendría que sufrir una transformación radical a fin de que se realizaran tales posibilidades, que se asfixiaban o denegaban en las condiciones existentes. Afirmaban los tres tanto en la vida como en la obra que forjaron. Eran personas educadas, dadas a reflexionar, quienes aguzaron sus poderes de pensamiento en ese empeño.

Marx pasó la mayor parte de su prodigiosamente creativa vida en la pobreza y el exilio. Rosa Luxemburgo y el Che fueron seleccionados como objetivos y asesinados por su liderazgo intelectual y activo en movimientos socialistas. Cada uno de ellos podría haber llevado la vida de un profesional relativamente acomodado. Pero cada uno de ellos hizo una elección diferente. Sin embargo, al leer lo que escribieron, incluso los ensayos que aparecen en este libro, se siente no el carácter tétrico de una política espeluznante impulsada por el dogma, sino la inspiración y exuberancia de mente que acompaña a la indignación creativa. Pues los tres, al sentirse intensamente vivos, se convirtieron en la visión de una sociedad integrada, en la que cada persona podría devenir dotada de individualidad y responsable socialmente: *una asociación*, como lo expresa una frase famosa del *Manifiesto Comunista,* "en la que el desarrollo libre de cada uno es la condición para el desarrollo libre de todos".[1] O, como expresó el Che a un grupo de estudiantes de medicina y trabajadores de la salud pública cubanos en 1960:

> La Revolución no es, como pretenden algunos, una estandarizadora de la voluntad colectiva, de la iniciativa colectiva, sino todo lo contrario, es una liberadora de la capacidad individual del hombre.[2]

Ninguno de ellos pensaba aisladamente o en un vacío histórico. Tenían el pasado y a sus pensadores anteriores para aprender de ellos y hacer estudios críticos; observaban y participaban en movimientos sociales; elaboraban y debatían ideas y estrategias, en ocasiones con vehemencia, otras con camaradas (Marx especialmente con Federico Engels; Luxemburgo con Leo Jogiches, Clara Zetkin, Karl Kautsky y otros miembros del partido socialdemócrata alemán; Che Guevara con Fidel Castro, otros latinoamericanos y con líderes de naciones "no alineadas".) No se consideraban "intelectuales públicos", sino testigos y personas que contribuían a la conciencia cada vez mayor de una clase que producía riqueza y comodidades sin compartirlas, una clase plenamente capaz de razonar y de actuar de modo ilustrado, aunque con frecuencia carente de la educación formal que podría conducir al poder político. No creían sencillamente que los trabajadores, quienes producían la riqueza del mundo, podrían avanzar hacia la emancipación política y económica, sino que lo consideraban una evolución necesaria en la historia de la Humanidad. A su alrededor había revoluciones, movimientos de masas, huelgas, organización internacional. Pero no fue sólo el temple de sus respectivas épocas lo que los incitó a la actividad (muchos profesionales y escritores, en especial durante la juventud, se habían sentido atraídos por la resplandeciente promesa fugaz de transformación social, sólo para retroceder cuando la frialdad del viento de la oposición comenzaba a helar el aire). En cambio, observaban a su alrededor cómo se aceleraba la relación entre la riqueza privada y el sufrimiento de las masas, el devorador apetito del capital para la expansión de sus mercados a cualquier costo humano (incluyendo sus guerras), y en esa conciencia también vieron el significado de sus vidas.

Siendo un joven estudiante de medicina que viajaba por América Latina, el Che anotó esto concretamente:

> Yo me fui a ver una vieja asmática que era clienta de La Gioconda. La pobre daba lástima, se respiraba en su pieza ese olor acre de sudor concentrado y patas sucias, mezclado al polvo de unos sillones, única paquetería de la casa. Sumaba a su estado asmático una regular descompensación cardiaca. En estos casos es cuando el médico consciente de su total inferioridad frente al medio, desea un cambio de cosas, algo que suprima la injusticia que supone el que la pobre vieja hubiera estado sirviendo hasta hacía un mes para ganarse el sustento, hipando y penando, pero manteniendo frente a la vida una actitud erecta.[3]

Fue Marx ante todo quien describió cómo el capital no sólo desposee y obliga a la vasta mayoría de las personas "a venderse gradualmente", sino que contiene, fundamentalmente, su propia ruina:

Las relaciones burguesas de producción y de cambio, las relaciones burguesas de propiedad, toda esa sociedad burguesa moderna, que ha hecho surgir como por encanto tan potentes medios de producción y de cambio, se asemeja al mago que ya no es capaz de dominar las potencias infernales que ha desencadenado con sus conjuros.[4]

Pero primero ofrece una exposición de la historia del capitalismo, el surgimiento del poder burgués o clase propietaria y los efectos de ese poder, un panorama tan presente de las condiciones sociales del siglo XXI que trasciende el propio momento en que se escribió. Como había de observar el Che Guevara en 1964:

> El mérito de Marx es que produce de pronto en la historia del pensamiento social un cambio cualitativo; interpreta la historia, comprende su dinámica, prevé el futuro, pero, además de preverlo, donde acabaría su obligación científica, expresa un concepto revolucionario: no solo hay que interpretar la naturaleza, es preciso transformarla.[5]

Y en realidad, durante más de 150 años, el *Manifiesto Comunista* ha llegado a ser el documento más influyente, más traducido, más reimpreso (y satanizado) de la historia moderna. Es una obra de extraordinario poder literario fusionado con análisis histórico; un documento de su época aunque resonante, como hemos visto aquí, para las generaciones posteriores. Un documento que puede ser y ha sido examinado críticamente y debatido —incluso por su autor— pero que será llevado a cualquier futuro que se pueda contemplar.

Marx, Luxemburgo y Guevara fueron revolucionarios, pero no fueron románticos. La elocuencia a menudo poética se fundamenta en el estudio y en el análisis crítico de la sociedad humana y la economía política desde las primeras organizaciones comunistas de la prehistoria hasta el surgimiento del capitalismo moderno y las guerras imperialistas. No idealizaron las sociedades pasadas o trataron de crear comunidades marginales de puristas del estilo de vida, sino —comenzando con Marx— escudriñaron las ilusiones de reformadores y rebeldes pasados y contemporáneos a la luz de la historia, conscientes de cuán fácil puede ser que los partidos y los líderes pierdan impulso, se desvíen o se acomoden con las relaciones de poder existentes. (Es esta clase de compromiso el que Luxemburgo aborda en *Reforma y Revolución*.)

El *Manifiesto Comunista* fue titulado así porque en cierto momento la incipiente Liga de los Comunistas Alemanes solicitó a Marx y a Engels que redactaran una plataforma. Por consiguiente, enunciaron una nueva teoría de la historia y a la vez hicieron un programa *manifiesto:* al indagar, ¿qué hecho en la historia de la economía ha producido la necesidad del comunismo como un movimiento? y ¿qué representa en realidad el comunismo en 1848? Describe, con admiración así como con condena, los logros contradictorios del capitalismo industrial. Observa, en ocasiones con ingenio mordaz, las interpretaciones "espectrales" del comunismo que flotan en el extranjero, y define su verdadero objetivo como la propiedad común de los medios de producción.

Cincuenta años después, en 1898, Luxemburgo analiza enérgicamente el "oportunismo" reformista que mantendría las antiguas relaciones sistémicas de propiedad y producción bajo el disfraz de reforma socialista. Analiza minuciosamente este oportunismo en las ideas de Eduard Bernstein, un anciano líder del Partido Socialdemócrata Marxista Alemán con el cachet adicional de ser ejecutor literario de Engels. Su confrontación proviene de una joven persona, una extranjera, y una mujer en una lucha partidista con un "virulento chovinismo masculino".[6] Si hubiera provenido de cualquiera, hubiera constituido una brillante autopsia intelectual.

Luxemburgo explica que ser antirreformista no es ser antirreforma:

Para la socialdemocracia, existe un vínculo indisoluble entre reforma y revolución: 'la lucha por las reformas sociales es el *medio*, mientras que la lucha por la revolución social es el *fin*'.[7]

Al utilizar su análisis crítico del artículo de Bernstein como trampolín, pasa a enunciar ideas que adquieren hoy una renovada causticidad y poder sugestivo:

> la suerte del movimiento socialista no depende de la democracia burguesa, sino que es la suerte de la democracia la que depende del movimiento socialista. Esto es, la democracia no es más viable en la medida en que la clase obrera abandona la lucha por su emancipación, sino en la medida en que el movimiento socialista se robustece lo suficiente para hacer frente a las consecuencias reaccionarias de la política mundial y del abandono burgués de la democracia. Por tanto, quien desee el fortalecimiento de la democracia también debe querer el fortalecimiento del movimiento socialista, y no su debilitamiento; quien abandona la lucha por el socialismo, abandona también el movimiento obrero y la democracia.[8]

En 1964, el Che Guevara, como teórico-participante de una verdadera revolución en marcha, escribe a un amigo editor uruguayo una carta con la intención obvia de *poner de manifiesto* la experiencia de la incipiente sociedad cubana. Ya entonces, el Che, un argentino, había viajado por su continente, estudiado marxismo en Guatemala, combatido junto con Fidel Castro y el "Movimiento 26 de Julio", prestado servicios en el nuevo gobierno revolucionario cubano, y comenzaba a trabajar por la extensión del socialismo en América Latina y entre las naciones "no alineadas" de África y Asia. Escribe de los dolores de parto de una sociedad revolucionaria de transición. ¿Cómo ha de nacer? Existe la idea, socialismo, y existe también "el ser humano" — incompleto, que llega a la vida en nuevas condiciones donde el trabajo deviene responsabilidad social compartida, pero también habitando inicialmente, por decirlo así, entre dos mundos sumamente diferentes: "La nueva sociedad en formación tiene que competir ferozmente con el pasado".[9] Las relaciones mercantiles todavía están impresas en la mente. Esta fase de proceso revolucionario es nueva e inestable y la ansiedad puede buscar alivio en la rigidez autocrática. La dirección en tal transición tiene necesidad de una autocrítica vigilante, bien calibrada. Rosa Luxemburgo había escrito: "Las revoluciones no se 'hacen' y grandes movimientos del pueblo no se producen de acuerdo con recetas técnicas que reposan en los bolsillos de los líderes de partidos".[10] Che preveía que "la sociedad como un todo tiene que convertirse en una gigantesca escuela"[11]; aquellos que esperan educar tienen que estar en contacto constante y sensible con los que están aprendiendo: los maestros también tienen que ser aprendices.

En relación con esto, es necesario pensar en el arte y la cultura. Marx escribe de cómo:

> La burguesía no puede existir sino a condición de revolucionar incesantemente los instrumentos de producción y, con ello, todas las relaciones sociales. La conservación del antiguo modo de producción era, por el contrario, la primera condición de existencia de todas las clases industriales precedentes. Una revolución continua en la producción, una incesante conmoción de todas las condiciones sociales, una inquietud y un movimiento constante distinguen la época burguesa de todas las anteriores. Todas las relaciones estancadas y enmohecidas, con su cortejo de creencias y de ideas veneradas durante siglos, quedan rotas, las nuevas se hacen añejas antes de llegar a osificarse. Todo lo estamental y estancado se esfuma.[12]

Y, en un sistema de relaciones mercantiles, "el médico, el abogado, el sacerdote, el poeta, el hombre de ciencia" devienen "trabajadores asalariados" quienes tienen que "venderse gradualmente" y "por consiguiente, son expuestos a todas las vicisitudes de la explotación, a todas las fluctuaciones del mercado." Para el artista, esto también puede significar censura por el mercado.

El Che amplía detalladamente este tema:

> La superestructura impone un tipo de arte en el cual hay que educar a los artistas. Los rebeldes son dominados por la maquinaria y sólo los talentos excepcionales podrán crear su propia obra. Los restantes devienen asalariados vergonzantes o son triturados.
>
> Se inventa la investigación artística a la que se da como definitoria de la libertad, pero esta 'investigación' tiene sus límites, imperceptibles hasta el momento de chocar con ellos, vale decir, de plantearse los reales problemas del hombre y su enajenación. La angustia sin sentido o el pasatiempo vulgar constituyen válvulas cómodas a la inquietud humana; se combate la idea de hacer del arte un arma de denuncia.[13]

Pero también señala las limitaciones de visión de anteriores revoluciones socialistas en proceso, donde "un exagerado dogmatismo" ha tratado de abordar la cuestión de la cultura, al exigir "la representación formalmente exacta de la naturaleza" en el arte, seguida por "una representación mecánica de la realidad social que se quería hacer ver; la sociedad ideal, casi sin conflictos ni contradicciones, que se buscaba crear".[14]

El Che lucha aquí con la dialéctica del arte como encarnación y formadora simultáneamente de la conciencia, arraigada en formas y materiales pasados incluso cuando hace ademanes hacia una realidad aún no alcanzada. "¿Cuál ha de ser la libertad del artista en la nueva Cuba? Puede ser difícil, viviendo en las condiciones presentes, concebir cómo una libertad ampliada para todos, para cada una de las personas, podría ampliar, no limitar, la libertad del artista imaginativo, y las mismas posibilidades del arte. Difícil para aquellos que ya son artistas —incluso cuando, escandalizados, estamos obligados a comercializarnos gradualmente y luchar por lo que Marx denominó 'tiempo disponible'[15] — para ver la 'jaula invisible' dentro de la cual trabajamos. Difícil, también, quizás, para los navegantes de una nueva sociedad percibir la labor peculiar, pero no excepcional, del artista".

Según las palabras del comunista italiano Antonio Gramsci:

"...para ser preciso, uno debe hablar de la lucha por una 'nueva cultura' y no por un 'nuevo arte' (en el sentido inmediato)...Tal vez no se puede decir que la lucha es por un nuevo contenido artístico apartado de la forma porque ese contenido no se puede apreciar de forma abstracta, separado de la forma. Luchar por un arte nuevo significa crear nuevos artistas, y eso es absurdo debido a que los artistas no se pueden crear artificialmente. Se debe hablar de la lucha por una nueva cultura, es decir, por una nueva vida moral que no puede ser conectada a una nueva intuición por la vida, hasta que se convierta en una nueva forma de sentir y ver la realidad. Ahí tendremos un mundo en el cual existen los "posibles artistas" y las "posibles obras de arte..."[16]

El revolucionario serio, como el artista serio, no pude permitirse el lujo de llevar una vida con excesos o autoengañosa. De ambas clases de creatividad se requiere paciencia, realismo e imaginación crítica. Sin embargo, los autores de este libro hablan con emoción de la condición humana y de realización humana no como "algo que se pierde" dentro de una colectividad de masas, sino como una liberación de los sentidos congelados, la embotada enajenación de la sociedad de masas: Marx escribe de "la total *emancipación* de todas las cualidades y sentidos humanos [desde el simple sentido de *tener*]... El ojo ha devenido un ojo *humano* cuando su objeto ha devenido un objeto social *humano*"[17]; Rosa Luxemburgo escribe de la "felicidad social" de la huelga de masas como "creatividad", de "libertad" como ningún "privilegio especial" y del "amor de todo día hermoso". Y Che escribe del revolucionario como "motivado por grandes sentimientos de amor" aunque esto pueda "parecer ridículo" en la política burguesa; de la necesidad de un "nuevo ser humano" creado mediante la participación responsable en una sociedad que pertenezca a todos.

Como ha escrito Aijas Ahmad: "El primer recurso de la esperanza es la propia memoria."[18] El marxismo se basa en la memoria histórica de cómo las relaciones humanas existentes, al parecer inmutables, llegaron a ser como son. En los ensayos que siguen escuchamos voces de tres generaciones diferentes de personas que creyeron, como han estado afirmando enormes reuniones antibelicistas y antiimperialistas que han tenido lugar en cada continente, que "otro mundo es posible". Aunque para algunos hoy esto sólo significa aún tratar de regular y reparar la máquina del capitalismo que está fuera de control, para una cantidad cada vez mayor, esto significa cambiar la dirección del viaje, hacia una realidad totalmente diferente, aún en formación. He aquí conversaciones urgentes que provienen del pasado y que todavía se llevan a cabo, entre nuevas voces, a través de todo el mundo.

*Adrienne Rich*
*Marzo de 2004*

---

1. Ver *El Manifiesto Comunista*, en esta edición.

2. Ernesto Che Guevara, *Che Guevara Presente*, (Melbourne and New York: Ocean Press, 2004), p120.

3. Ernesto Che Guevara, *Notas de Viaje*, (Melbourne and New York: Ocean Press, 2004), p65.

4. Ver *El Manifiesto Comunista,* en esta edición.

5. Op.cit. *Che Guevara Presente,* p129.

6. Raya Dunayevskaya, *Rosa Luxemburg, Women's Liberation and Marx's Philosophy of Revolution,* 2da edición, University of Illinois Press, 1991, p27.

7. Ver *Reforma o Revolución*, en esta edición.

8. Ver *Reforma o Revolución*, en esta edición.

9. Ver *El Socialismo y el hombre en Cuba*, en esta edición.

10. Peter Hudis y Kevin B. Anderson, eds., *The Rosa Luxemburg Reader*, (New York: Monthly Review Press, 2004), p328.

11. Ver *El Socialismo y el hombre en Cuba*, en esta edición.

12. Ver *El Manifiesto Comunista,* en esta edición.

13. Ver *El Socialismo y el hombre en Cuba*, en esta edición.

14. Ver *El Socialismo y el hombre en Cuba*, en esta edición.

15. Karl Marx, *Grundrisse: Foundations of the Critique of Political Economy,* tr. Martin Nicolaus, (New York: Penguin USA, 1983), p708.

16. Antonio Gramsci, *Selections from Cultural Writings*, David Forgacs y Geoffrey Nowell-Smith, eds., tr. William Boelhower, (Cambridge MA: Harvard University Press, 1985), p98.

17. "Private Property and Communism" en Kamenka, ed. *The Portable Karl Marx.*

18. "Resources of Hope: A Reflection on Our Times," *Frontline* (India) Vol. 18 No. 10, 15-25 de mayo, 2001.

# armando hart dávalos

José Martí hablaba de los hilos invisibles que unen a los hombres en la historia. La edición de estos tres textos —*El manifiesto comunista*, de Marx y Engels; *¿Reforma o Revolución?*, de Rosa Luxemburgo; y *El Socialismo y el hombre en Cuba*, de Ernesto Che Guevara—, escritos en fechas tan separadas unos de otros —1848, 1900 y 1965—, permitirá al lector hallar esos "hilos invisibles" que relacionan las ideas socialistas en los siglos XIX y XX.

Si fuéramos capaces de editar y estudiar los textos fundamentales de diversos autores sobre el socialismo, encontraríamos respuestas cada vez más profundas a las causas reales del fracaso de la izquierda en el siglo XX. Ello se ha convertido en una necesidad impostergable, porque en esa centuria, tras la muerte de Lenin, se adulteraron y escamotearon los principios esenciales de Marx y Engels. La humanidad no podrá avanzar hacia un nuevo pensamiento en el XXI, si no esclarece cuáles fueron las esencias del pensamiento de estos genios.

Los tres textos —que ahora se presentan reunidos en esta edición—, tienen como esencia común la aspiración de redención humana en "el reino de este mundo", para lograrlo con el apoyo de la ciencia y la elevación de la conciencia, y de la movilización y participación de los pobres y explotados del orbe. También representan una denuncia a la enajenación humana nacida de la explotación del hombre por el hombre. Asimismo, poseen en común la idea de que el sistema capitalista conduce, con su propio desarrollo, a la necesidad de encontrar vías de socialización de la riqueza.

El examen detenido de estas obras nos permite comprender mejor cómo, tras la muerte de Lenin, no se asumió en la práctica socialista la importancia política de la cultura. No se tuvo en cuenta lo señalado por Engels cuando afirmó:

> (...) la civilización ha realizado cosas de las que distaba muchísimo de ser capaz la antigua sociedad gentilicia. Pero las ha llevado a cabo poniendo en movimiento los impulsos y pasiones más viles de los hombres y a costa de sus mejores disposiciones. La codicia vulgar ha sido la fuerza motriz de la civilización desde sus primeros días hasta hoy; su único objetivo determinante es la riqueza y siempre la riqueza, pero no la de la sociedad, sino la de tal o cual miserable individuo. Si a pesar de eso han correspondido a la civilización el desarrollo creciente de la ciencia y reiterados períodos del más opulento esplendor del arte, sólo ha acontecido así porque sin ello hubieran sido imposibles, en toda su plenitud, las actuales realizaciones en la acumulación de riquezas.[1]

El socialismo exige, pues, promover las mejores disposiciones humanas. Para tal propósito, es indispensable elegir ideas de todos los grandes forjadores de la cultura aplicando el método electivo de la tradición cultural cubana. Esa elección, permitirá encontrar los caminos de la justicia.

Por esta razón, venimos insistiendo en que no basta con el pensamiento de un sabio para encontrar el camino del socialismo, es más, no es suficiente el inmenso saber de los grandes pensadores socialistas para abrir el paso a estas ideas redentoras, las más profundas y elevadas de Europa, y las que mayor fuerza han adquirido en los últimos dos siglos. Es imprescindible adoptar ideas y pensamientos de todos los grandes forjadores de cultura, desde los tiempos del mítico Prometeo, hasta nuestros días.

Concebimos este libro, y así lo hemos expresado a los editores, sólo como un primer paso en un empeño de más vasto alcance. Debemos continuar en la búsqueda de este hilo invisible, para articular la cultura fragmentada hoy día, o en proceso de disolución, de lo que se llama occidente civilizado.

Es indispensable despejar las incógnitas de la actual fragmentación neoliberal, de la anarquía y el desorden que imperan en el mundo, reflejados dramáticamente en el planteamiento formulado por Fidel Castro —en el 45 aniversario del triunfo de la Revolución—: "O cambia el curso de los acontecimientos o no podría sobrevivir nuestra especie."[2]

Los cubanos podemos captar la esencia de la cultura universal que estos textos expresan, porque hemos sido capaces de percibir lo que de ellos ha trascendido, elemento fundamental para la humanidad del presente, e interpretarlo de manera actualizada a partir de las enseñanzas y la tradición de grandes figuras de nuestra historia —entre las que sobresale José Martí—, y porque disponemos de la experiencia de la Revolución triunfante el 1ro. de enero de 1959, es decir, 45 años de práctica y enfrentamiento a la potencia imperialista más poderosa del mundo.

Siguiendo un orden cronológico, paso a exponer lo que considero aspectos esenciales de los documentos que estamos presentando al lector.

El primero de ellos, desde luego, es "El manifiesto comunista" —redactado, como se sabe, por Marx y Engels, en 1848—, que comienza con la célebre frase: "Un fantasma recorre Europa…" y sobre la cual habría que añadir que el fantasma se ha mantenido en el centro de la historia durante este siglo y medio. Podríamos afirmar también que no ha habido, desde entonces, acontecimiento político importante que no estuviera, directa o indirectamente, relacionado con el fuego de ideas y sentimientos que generó el documento de 1848. Es más, en la subconciencia histórica de la civilización occidental, éste ha estado presente, de una forma u otra, bien para apoyarlo, bien para atacarlo; pero lo más importante es que ha estado —durante 150 años— en el entretejido de ideas y aspiraciones redentoras en el seno de la civilización occidental. Lo que debemos preguntarnos es si la Humanidad puede echar a un lado, y olvidarse de las esperanzas y aspiraciones liberadoras marcadas por el ideal comunista.

*El manifiesto...* fue escrito para describir y denunciar el régimen social capitalista europeo de mediados del siglo XIX. Ningún documento político lo hizo, entonces, con mayor profundidad y claridad, ni expresó más fielmente las necesidades revolucionarias de su momento histórico. Describió con profundidad científica, y alta calidad literaria, la esencia de la historia social y económica, desde la más remota antigüedad, hasta su época; ningún otro escrito de su género lo superó entonces en el análisis. Sin sus lecciones, no podría entenderse la evolución ulterior de la historia de la segunda mitad del siglo XIX y de todo el XX.

En el juicio del Moncada —el 26 de julio de 1953—, cuando el fiscal le refutaba a Fidel como delictuoso el hecho de que en el apartamento de Haydée y Abel Santamaría existieran libros de Lenin, nuestro Comandante en Jefe respondió: "El político que no haya leído y estudiado a Lenin es un ignorante." Incitado por estas palabras de Fidel, me propuse profundizar en el estudio de Marx, Engels y Lenin, y luego de más de 50 años podríamos decir que el político que no haya leído *El manifiesto comunista*, de 1848, será también un ignorante. Y aquellos que como Fidel lo estudien y se nutran de sus enseñanzas, y, a la vez, abracen la causa de los pobres, pueden encontrar caminos para la revolución.

Al leer *El manifiesto comunista*, con el fundamento de la experiencia transcurrida en el último siglo y medio, comprobaremos no sólo que expuso la más profunda y nítida descripción del tiempo histórico en que fue escrito, sino que, además, aportó enseñanzas inapreciables para el mundo actual.

El lector, al confrontar la evolución humana transcurrida desde entonces con las líneas esenciales de *El manifiesto...*, confirmará que el capitalismo ha continuado su marcha descarnada, para apoderarse del valor creado por el trabajo humano, que ha continuado siendo sustraído a los trabajadores. El robo se ha mantenido, ampliado y realizado en forma más dramática, al extremo que si somos capaces de hacer una abstracción que nos pueda conducir a la interpretación de los hechos concretos que tenemos a la vista, confirmaremos, si lo hacemos sin prejuicios, cómo la sociedad capitalista está poniendo en crisis las relaciones de producción que el mismo sistema ha creado.

Se podrá constatar que la moderna sociedad burguesa, salida de entre las ruinas de la sociedad feudal, con el tiempo, continuó marchando en medio de las propias contradicciones y antagonismos que generó, sin abolirlos; únicamente, ha seguido sustituyendo viejas condiciones de opresión. Podrá apreciar que la explotación del trabajo humano y los antagonismos económico-sociales, han continuado de una manera cada vez más grave para el futuro del hombre sobre la tierra. Podrá ratificar que dondequiera que ha existido el poder de la burguesía, ha seguido convirtiendo las relaciones de producción en factor enajenante, que hace de la libertad personal un simple valor de cambio, y sustituyendo las numerosas libertades estructuradas, y adquiridas, por la inhumana y desalmada libertad de comercio. En resumen: en lugar de la explotación velada por ilusiones religiosas o políticas, ha seguido estableciendo una explotación abierta, directa y brutal.

Al médico, al jurisconsulto, al sacerdote, al poeta, al hombre de ciencia en estos últimos 150 años, ha seguido convirtiéndolos en sus servidores asalariados; ha continuado descorriéndose el velo de emociones y sentimientos que encubrían, en el pasado, las relaciones familiares reduciéndolas a simples relaciones de dinero. Asimismo, podrá comprenderse que la burguesía no puede existir sino a condición de transformar, incesantemente, los instrumentos y las relaciones de producción y, por consiguiente, las sociales, en general. Todo lo elemental y estancado lo ha continuado esfumando; todo lo sagrado lo ha profanado, y los hombres se han visto obligados a analizar el carácter de sus relaciones sociales reales.

Estúdiese *El manifiesto comunista* como quien lee un valioso documento histórico, que sirve de antecedente para conocer y enfrentar mejor las realidades del presente y el futuro. Compárese con el recuerdo de lo que sucedió en los 150 años de historia transcurrida, y podrá el lector apreciar verdades esenciales allí expuestas, que están confirmadas y ejemplificadas en forma cada vez más dramática por la vida. Veamos:

Si este estudio se hace desprejuiciadamente, quedaría revelado que el curso de los procesos sociales y políticos confirmó que la historia de la sociedad, hasta nuestros días, sigue siendo la de la lucha entre opresores y oprimidos *enfrentados siempre* —unas veces velada, y otras franca y abiertamente—. Hay una importante advertencia para todos los seres humanos que pueblan la tierra y, en especial, para los que toman decisiones: esas luchas han terminado siempre con el triunfo de una de las clases beligerantes, o con la transformación revolucionaria de toda la sociedad o el hundimiento de las clases en pugna. Esta idea martilla nuestra mente y se presenta como la gran interrogante del mundo hacia el siglo XXI.

En fin, *El manifiesto comunista* nos invita a una reflexión acerca de las verdades que expone. Con este espíritu, lean de nuevo el famoso documento quienes lo hayan hecho ya, o háganlo por vez primera los que no lo hayan leído. Siempre encontrarán en él utilidad para entender el drama histórico de los pueblos explotados, y una lección para la lucha en favor de la emancipación humana y social.

Hoy día, podríamos decir —parafraseando a Engels— que constituye una verdad eterna, que *El manifiesto comunista* es uno de los grandes documentos escritos para ayudar a los pobres de la tierra, en favor de su liberación. Empecemos a discutir sus ideas con el pensamiento de José Martí, profundamente ético, cuando dijo, refiriéndose a Carlos Marx: "Como se puso del lado de los débiles merece honor."³

Pasemos, ahora, a comentar el texto *Reforma o Revolución*, de Rosa Luxemburgo. Desde un punto de vista intelectual y, en especial, en los terrenos de las ciencias sociales, históricas y filosóficas, ella está en la más alta cumbre de las mujeres del mundo y, en general, de las más elevadas del género humano. Con su asesinato —el 15 de enero de 1919—, la derecha mostró tener un poderoso instinto de clase; quedó probado que conocía mejor el calibre y el significado de los revolucionarios consecuentes, que muchos de los que se pintaban como tales.

Rosa combatió, tanto al reformismo, como el dogmatismo. Por ello, se ganó el rechazo de dogmáticos y reformistas, y como fueron ambos los que acabaron imponiéndose en el curso de las ideas socialistas del siglo XX, se ocultó a la ilustre hija de la Alemania de Marx y Engels en la madeja de interpretaciones falsas sobre el pensamiento de los forjadores.

Mucho fue lo que perdió el movimiento revolucionario mundial con el asesinato de Rosa Luxemburgo y con el olvido de sus ideas luminosas. Hasta aquí, hemos venido sustentando la importancia del factor subjetivo en la historia, en un sentido progresista; la dramática realidad de nuestros días, nos muestra que el mismo influye también de manera negativa en la dolorosa experiencia histórica. En relación con las ideas de Rosa Luxemburgo, tenemos un juicio claro al respecto.

Rosa critica en este texto, en el plano más riguroso de la lógica y del pensamiento dialécticos, las formulaciones reformistas, señalando cómo las líneas derivadas de éstos agudizaron las contradicciones entre ricos y pobres, y condujeron a la necesidad de la revolución social. Ochenta años transcurridos desde que escribió esta obra, muestran que el reformismo, lejos de triunfar, ayudó a la universalización de la anarquía, de las guerras, de los choques brutales e, incluso, hizo crecer el terrorismo a escala mundial y contribuyó a crear la gravísima situación que hoy día tenemos en el mundo. Lo fundamental de los argumentos reformistas en los tiempos de Marx, Engels y Lenin, y, por tanto, de Rosa Luxemburgo, se refieren a que el capitalismo podía amortiguar e, incluso, superar las contradicciones clasistas con medidas como las siguientes:

1. Mejoras de la situación de la clase obrera.

2. Extensión y ampliación del crédito.

3. Desarrollo de los grandes medios de transporte.

4. Concentración de los *trusts*, que acentuaría la tendencia a la socialización de los medios de producción.

Para los reformistas, estos procesos amortiguarían las contradicciones clasistas, y conducirían a la explosión social y, por tanto, a la revolución contra el capitalismo. Señalaban que las líneas apuntadas podrían demorar o retrasar y hacer más largo, por consiguiente, las luchas de los trabajadores, pero que era inevitable la confusión social.

¿Dónde se manifiesta la debilidad de estas tesis reformistas? Si los capitalistas fueran hombres sin ambiciones mezquinas y poseyeran cultura o, al menos, sentido común, lo ideal sería, desde luego, el proceso de reformas. Esta doctrina falla porque —como decía Martí—: "*Todo hombre es una fiera dormida. Es necesario poner riendas a la fiera. Y el hombre es una fiera admirable: le es dado llevar las riendas de sí mismo.*"[4] La clave está, pues, en que triunfe el sentido común, la inteligencia, la cultura. Esto lo sabemos los cubanos por una tradición ética, jurídica, social y política de valor universal.

Lo cierto es que el fracaso de los reformistas se debe no a la posible validez lógica de sus formulaciones, sino al hecho objetivo de que los intereses mezquinos, y a corto plazo, de los dueños de la riqueza se imponen sobre las verdades más elementales de la lógica. Incluso, estas verdades esenciales, que surgen del sentido común, les debieran llevar a aplicar, de manera consecuente, las ideas reformistas. Pero no ocurre así, porque la maldad, la mediocridad y el interés mezquino se imponen en la mente de los grandes dueños de la riqueza. Todos los sistemas sociales han desaparecido por esta mezcla de estupidez, mediocridad y maldad.

En otro trabajo suyo, conocido como *El folleto de junios*, Rosa Luxemburgo formula la consigna política y disyuntiva histórica que la hará célebre: "Socialismo o barbarie." Más de 180 años después de su muerte, la historia le ha dado la razón de forma dramática.

En la disyuntiva actual, la barbarie se ha impuesto por el momento, y sólo podrá ser sustituida, en nuestro concepto, por una línea que, a la postre, conduzca hacia el socialismo.

Hoy día, tenemos un mundo que llaman *globalizado*, yo diría globalizado en lo que el escritor español Ramón Fernández Durán denominó *explosión del desorden*.[5] Se trata, pues, de acabar de entender que un proceso revolucionario tiene que tomar en cuenta los factores objetivos y económicos, pero ha de considerar también los temas culturales y morales enlazados con éstos. El error de fondo de la interpretación marxista de la historia en el siglo XX, después de Lenin, estuvo, precisamente, en desdeñar este elemento clave en la práctica política.

Abordaremos, por último, el muy conocido texto "El Socialismo y el hombre en Cuba", de Ernesto Che Guevara. Su examen nos permite entrar en la idea central del Che: el papel de la subjetividad y, por tanto, de la cultura en la formación del hombre nuevo y del socialismo. "El Socialismo y el hombre en Cuba", al ser el más reciente de los documentos editados, nos incita a una reflexión acerca de los retos que tiene ante sí la idea socialista. En este texto está presentado, embrionariamente, el análisis de los factores súper estructurales y subjetivos en relación con la base material de la sociedad socialista. Sigue siendo, pues, un texto central, que los revolucionarios contemporáneos debemos estudiar con profundidad.

En esta obra, el Che aborda el tema crucial de la superestructura ideológica, política, moral y cultural, y de sus relaciones con la base económica en la especificidad cubana de los primeros años de la Revolución. Subrayó que el socialismo estaba en pañales en cuanto a la elaboración de una teoría económica y política de largo alcance. Todo lo que esbozaba —decía— era tentativo, porque todo ello requería de una ulterior elaboración que no pudo realizar. En una época en que se insistía en los estímulos materiales para la movilización social y de la producción, él hacía hincapié en los instrumentos y mecanismos de índole moral, sin olvidar una correcta utilización de los estímulos materiales, sobre todo de naturaleza social.

Éste es, precisamente, el aporte fundamental de la Revolución cubana a las ideas socialistas y éstas no están en contradicción con las ideas de Marx, Engels y Lenin.

Hace 40 años se planteó el problema en el plano de la creación directa, es decir, del resultado inmediato de la actividad productiva del hombre. En el presente, debemos estudiar sus ideas e iniciativas a partir del plano más amplio y general de la cultura.

Más de cuatro décadas después, el tema de la subjetividad y, por tanto, de la ética, se nos revela en una forma más completa y definida; hoy día, está vinculado indisolublemente con el propósito de alcanzar una cultura general integral, a la que se está refiriendo Fidel Castro. La cultura de emancipación y, por ende, las ideas de la subjetividad del Che, son interés inmediato de nuestro proceso de análisis revolucionario acerca de la influencia de la cultura en el desarrollo económico-social. Es la única forma de encontrar las vías de un nuevo pensamiento filosófico y de acción política, a tono con las circunstancias actuales.

Determinar el peso de la cultura en el desarrollo, constituye el fundamento para elaborar el pensamiento que necesitan el siglo XXI y, en especial, América.

Probar la importancia de la cultura en la economía es un compromiso ineludible con Ernesto Che Guevara. Ello requeriría un examen más detallado; ahora bien, vamos a referirnos aquí al tema que con tanta objetividad planteó el Che: el de la subjetividad. Para efectuar este análisis, hay que partir de la cuestión cultural y su influencia en la historia del hombre. Es el tema que quedó pendiente en la historia de las ideas socialistas durante el siglo XX.

Permítaseme, ahora, compartir con ustedes —a modo de conclusiones— algunas reflexiones acerca del papel de la cultura, y hacerlo partiendo de la historia de las civilizaciones, para arribar a conclusiones más concretas sobre tan importante tema. Tomamos como punto inicial el criterio de que en la historia de las civilizaciones, el robo y la tergiversación de la cultura han sido las maniobras principales de los explotadores de todos los tiempos, con vistas a imponer sus intereses egoístas. Si esto no se entiende, no se entiende la esencia del problema.

La introducción de la cuestión social como tema esencial de la cultura, es relativamente reciente en la historia de nuestra civilización. Fueron, precisamente, Marx y Engels quienes con mayor coherencia y rigor la colocaron en la cumbre del pensamiento occidental.

Hasta entonces, la filosofía se había planteado interpretar el mundo, pero es con ellos que surge el planteamiento de la necesidad de transformarlo. No hay una conclusión filosófica y práctica más importante, y útil, para el hombre en su milenaria historia. Por esta razón, al estudiar los documentos que aquí presentamos, lo hacemos con el objetivo esencial de estimular a buscar ideas que sirvan para encontrar los caminos de la transformación revolucionaria.

Para hacerlo, debemos partir de la lógica de sus autores; de otra forma, no podremos saber qué aportaron y dónde están las limitaciones que por esencia tiene toda obra humana. Se trata, pues, de un valor cultural irrenunciable. Tropezamos con grandes dificultades. Tanto la aplicación práctica del pensamiento de Marx y Engels en las últimas décadas, como la propaganda enemiga acerca de estas ideas, impusieron en la conciencia de millones de personas la visión de una doctrina cerrada, que tenía como fundamento un rígido determinismo filosófico. Quienes desde el bando conservador o reaccionario refutan el pensamiento de Marx y Engels, acusándolos de tal; o los que, consciente o inconscientemente, lo tratan bajo las banderas revolucionarias, de igual forma, incurren en un mismo error, solo que los primeros son más consecuentes con sus intereses que los segundos.

Las esencias filosóficas de los célebres redactores de estos textos son, justamente, todo lo contrario a la rigidez dogmática. Lo realmente paradójico está en que el pensamiento revolucionario sólo saldrá del círculo vicioso en que está inmerso, cuando se estudie a Marx y a Engels, y se les interprete de una forma radicalmente diferente a como se hizo en el siglo XX, tras la muerte de Lenin. Es decir, se asuman como "un método de investigación" y como "una guía para la acción", que no aspiran a revelar "verdades eternas", sino a orientar y alentar la liberación social del hombre a partir de los intereses de los pobres y explotados del mundo. Los que así lo hicieron en la historia del siglo XX, generaron verdaderas revoluciones sociales. Es el caso de Lenin, de Ho Chi Minh y de Fidel Castro. Aquellos que interpretaron el pensamiento de Marx y Engels como un dogma irrebatible, no lograron alcanzar esas cumbres y, por el contrario, lo convirtieron en letra muerta alejada de la realidad.

Una importante lección que debemos extraer es que el valor de una cultura se mide por su poder de asimilación y por su capacidad de superarse ante nuevas realidades. Las ideas de los sabios en todas las ciencias y, por tanto, en las de carácter histórico-social, no valen por sí mismas, sino por la potencialidad para descubrir, a partir de sus hallazgos, nuevas verdades. Los más elevados y trascendentes pensamientos son piezas maestras del edificio que va construyendo la humanidad en la historia de la cultura, y sus bases están en constante movimiento y cambio. No son, pues, el edificio, sino la llave para abrir sus puertas y orientarnos hacia su interior. Su trascendencia se halla en que resisten la prueba del tiempo y mantienen un valor más allá de coyunturas, porque logran sintetizar elementos necesarios para satisfacer necesidades que, en la evolución social e histórica, van cambiando la forma de presentarse. Quienes han contribuido a la ciencia y a la cultura, lo han hecho porque han sabido insertar lo nuevo en el entretejido de la historia.

Toda cultura que aborde el ideal de la justicia entre los hombres, cuando lo hace con profundidad y rigor, penetra en la conciencia humana; se convierte en una de las claves de la historia universal.

Para promover las ideas redentoras contenidas en estos textos, es necesario estudiar lo que resultó diferente a los presupuestos en que se fundaron las ideas del marxismo que recoge este libro. Sus valoraciones tenían como base, en esencia, la realidad europea. No podía exigírseles otra cosa. De la visión eurocéntrica no se libró lo más elevado del pensamiento revolucionario europeo del siglo XIX.

El crecimiento de Estados Unidos y su ascenso a poderoso país capitalista a partir de la Guerra de Secesión, por una parte, y los movimientos migratorios masivos del Viejo Mundo hacia Norteamérica, en las últimas décadas del siglo XIX y principios del XX, por otra parte, marcaron importantes hitos, los cuales nos permiten apreciar el alcance y las formas que tomarían esas esencias con posterioridad.

Si estudiamos una carta de Marx a Lincoln, se apreciará la esperanza que tenía acerca de que el desenlace de la guerra entre el Norte y el Sur de Norteamérica, significara un paso de avance hacia la futura revolución proletaria en ese país. Esto no sucedió. La caldera europea no explotó, entre otras razones, porque el potencial de fuerza de trabajo de Europa encontró mercados en los territorios de Norteamérica, a finales del siglo XIX y en el transcurso del siglo XX.

Federico Engels decía que los grandes descubrimientos de

Hegel se debían al nivel de conocimiento de su época, y que sus limitaciones estaban también en las de su época. Hay que decir que el inmenso saber europeo del siglo XIX, el cual admiramos como una de las más altas cumbres de la cultura occidental, no conoció ni valoró nunca a Estados Unidos, ni mucho menos la potencialidad revolucionaria que se estaba gestando en América Latina.

El siguiente pensamiento de Engels resulta muy ilustrativo:

> Las fases sociales y económicas que estos países tendrán que pasar antes de llegar también a una organización social —se refiere al Tercer Mundo— no puede, creo yo, ser sino objeto de especulaciones bastante ociosas. Una cosa es segura, el proletariado victorioso no puede imponer la felicidad a ningún pueblo extranjero sin comprometer su propia victoria.

Lección que, dramáticamente, se ha cumplido en la realidad, en el seno mismo del viejo continente.

No contaron Marx y Engels con la fase imperialista estudiada por Lenin, ni conocieron suficientemente las realidades económico-sociales de los países del Tercer Mundo. Tampoco, el forjador de la Revolución de Octubre pudo estudiar nuestro continente, aunque su análisis del imperialismo estaba en la sustancia del problema fundamental que tenía el siglo XX, y en las informaciones que llegó a tener sobre el proceso de liberación que en esa época se gestaba en los pueblos de Asia.

El rescate de la mejor tradición de la cultura universal es fuente inagotable para defender los intereses de los pobres. En la actualidad, se impone como una necesidad realizar estudios económicos concretos, que nos ayuden a mostrar fehacientemente que la cultura es el factor más dinámico de la historia económica del mundo y, en especial, de la que estamos viviendo.

Para profundizar en el tema, sugiero continuar el hilo que une a estos documentos en la historia, a partir de las ideas esenciales de José Martí. Cuando llegamos al Apóstol, comenzamos a observar el análisis más profundo de las razones por las cuales fracasó el socialismo. Fue un profeta cuando nos advirtió lo siguiente:

> Una cosa que tengo que celebrar mucho, y es el cariño con que tratas; y tu respeto de hombre, a los cubanos que por ahí buscan sinceramente, con este nombre o aquél, un poco más de orden cordial, y de equilibrio indispensable, en la administración de las cosas de este mundo. Por lo noble se ha de juzgar una aspiración: y no por ésta o aquélla verruga que le ponga la pasión humana. Dos peligros tiene la idea socialista, como tantas otras: el de las lecturas extranjerizas, confusas e incompletas, y el de la soberbia y rabia disimulada de los ambiciosos, que para ir levantándose en el mundo empiezan por fingirse, para tener hombros en que alzarse, frenéticos defensores de los desamparados. Unos van, de pedigüeños de la reina —como fue Marat—, cuando el libro que le dedicó con pasta verde a lisonja sangrienta, con su huevo de justicia, de Marat. Otros pasan de energúmenos a chambelanes, como aquellos de que cuenta Chateaubriand en sus "Memorias". Pero en nuestro pueblo no es tanto el riesgo, como en sociedades más iracundas, y de menos claridad natural; explicar será nuestro trabajo, y liso y hondo, como tú lo sabrás hacer: el caso es no comprometer la excelsa justicia por los modos equivocados o excesivos de pedirla. Y siempre con la justicia, tú y yo, porque los errores de su forma no autorizan a las almas de buena cuna a desertar de su defensa. Muy bueno, pues lo del 1ro. de Mayo. Ya aguardo tu relato, ansioso.[6]

Martí representa una línea humanista desde posiciones radicales. Su originalidad está en que fue radical y, al mismo tiempo, se impuso sumar el mayor número de hombres posible para la causa que se proponía.

Muchas veces, los hombres han sido radicales y no hacen suficientes esfuerzos mentales para unir a todos los que, potencialmente, pudieran apoyarlos. En otras ocasiones, tratan de reunir a mucha gente sin ser radicales. Fue radical y, a la vez, promovió una política encaminada a superar el principio maquiavélico de *divide y vencerás*, y a establecer el postulado de *unir para vencer.*

Ya en este plano, llegamos al tema esencial de la tradición intelectual cubana: el papel de la cultura y la ética en la sociedad. Martí, en el plano filosófico, nos señalaba dos ideas que pueden conducirnos a un crisol de principios de enorme importancia política, práctica y pedagógica: *el equilibrio del mundo,*[7] *la utilidad de la virtud,*[8] y la cultura de hacer política.

Frente a la demagogia y la maldad de los gobernantes estadounidenses, acerca de un eje del mal —en el que incluyen a Cuba—, podemos responderle que es necesario procurar el "eje del bien", que está en la cultura, la ética, el derecho y la política solidaria. Sobre estos fundamentos y desde la Revolución cubana, hemos leído y asumido estos documentos que trascienden a su tiempo histórico, y se convierten en una sabiduría inmensa, sin la cual es imposible entender nuestro tiempo histórico y el futuro del siglo XXI.

1. C. Marx, F. Engels. Obras Escogidas, *El origen de la familia, la propiedad privada y el Estado*, t.3, pp350-351, Edit. Progreso, Moscú.

2. Fidel Castro. *Granma*, p1, 5 de enero de 2004.

3. J. Martí, O.C. *En honor a Carlos Marx, La Nación*, t.9, p388, Buenos Aires, 13 y 16 de mayo de 1883. Editorial Ciencias Sociales, 1975.

4. J. Martí, O.C. *En honor a Carlos Marx, La Nación*, t.9 p388, Buenos Aires, 13 y 16 de mayo de 1883. Editorial Ciencias Sociales, 1975.

5. J. Martí, O.C. Comentario al libro de Rafael de Castro Palomino: *La América*, Nueva York, octubre de 1883, t.5, p110. Editorial Ciencias Sociales.

6. J. Martí, O.C. *Carta a Fermín Valdés Domínguez*, Nueva York, mayo de 1894, t.3, p168, Editorial Ciencias Sociales.

7. J. Martí, O.C. *Manifiesto de Montecristi*, 25 de marzo de 1895, t.4, pp101-102, Editorial Ciencias Sociales.

8. J. Martí, O.C. *Ismaelillo*, t.16, Editorial Ciencias Sociales.

# el manifiesto comunista

CARLOS MARX Y FEDERICO ENGELS

En 1847 Carlos Marx y Federico Engels, fueron consultados por la naciente Liga de Comunistas sobre la idea de redactar un manifiesto donde quedaran claros sus objetivos y políticas. Luego de una serie de borradores, fue publicado en febrero de 1848 el *Manifiesto del Partido Comunista* (que a partir de 1872 sería conocido solo como *Manifiesto Comunista*). La primera edición fue publicada en alemán e impresa en Londres. Hasta el año 1871, año de la Comuna de Paris, existían solo dos ediciones limitadas en sueco y alemán. Sin embargo, la publicación de una nueva edición alemana, inició una masiva circulación del *Manifiesto Comunista* en las décadas siguientes. Muchos prefacios fueron escritos posteriormente por Marx y Engels.

UN FANTASMA RECORRE EUROPA: el fantasma del comunismo. Contra ese fantasma se han coligado en santa jauría todas las potencias de la vieja Europa, el Papa y el Zar, Matternich y Guizot, los radicales franceses[1] y los polizontes alemanes.

¿Dónde está el partido de oposición al que sus adversarios gobernantes no motejen de comunista; dónde el partido de oposición que no devuelva, lanzándolo al rostro de los oposicionistas más avanzados, al igual que al de sus rivales reaccionarios, el reproche estigmatizante de comunismo?

Dos consecuencias se desprenden de este hecho:

1. Que el comunismo se halla ya reconocido como una potencia por todas las potencias europeas.

2. Que es hora ya de que los comunistas expresen, a la luz del día y ante el mundo entero, sus ideas, sus objetivos, sus tendencias, saliendo al paso —con un manifiesto de su partido— de esa leyenda del fantasma del comunismo.

Con este fin, se han congregado —en Londres— comunistas de las más diversas nacionalidades, y se ha redactado el siguiente Manifiesto, que aparecerá en lengua inglesa, francesa, alemana, italiana, flamenca y danesa.

## I. BURGUESES Y PROLETARIOS[2]

La historia de todas las sociedades hasta nuestros días[3] es la historia de las luchas de clases.

Hombres libres y esclavos, patricios y plebeyos, señores y siervos, maestros[4] y oficiales, en una palabra: *opresores* y *oprimidos* se enfrentaron siempre, mantuvieron una lucha constante, velada unas veces, y otras franca y abierta; lucha que terminó siempre con la transformación revolucionaria de toda la sociedad o el hundimiento de las clases en pugna.

En las anteriores épocas históricas, encontramos casi por todas partes una completa diferenciación de la sociedad en diversos estamentos, una múltiple escala gradual de condiciones sociales. En la antigua Roma hallamos patricios, caballeros, plebeyos y esclavos; en la Edad Media, señores feudales, vasallos, maestros, oficiales y siervos, y, además, en casi todas estas clases todavía encontramos gradaciones especiales.

La moderna sociedad burguesa, que ha salido de entre las ruinas de la sociedad feudal, no ha abolido las contradicciones de clase. Únicamente, ha sustituido las viejas clases, las viejas condiciones de opresión, las viejas formas de lucha por otras nuevas.

Nuestra época, la época de la burguesía, se distingue, sin embargo, por haber simplificado las contradicciones de clase. Toda la sociedad va dividiéndose, cada vez más, en dos grandes campos enemigos, en dos grandes clases, que se enfrentan directamente: la *burguesía* y el *proletariado*.

De los siervos de la Edad Media surgieron los vecinos libres de las primeras ciudades; de este estamento urbano salieron los primeros elementos de la burguesía.

El descubrimiento de América y la circunnavegación de África, ofrecieron a la burguesía en ascenso un nuevo campo de actividad. Los mercados de la India y de China, la colonización de América, el intercambio con las colonias, la multiplicación de los medios de cambio y de las mercancías, en general, imprimieron al comercio, a la navegación y a la industria un impulso hasta entonces desconocido, y aceleraron, con ello, el desarrollo del elemento revolucionario de la sociedad feudal en descomposición.

La antigua organización feudal o gremial de la industria ya no podía satisfacer la demanda, que crecía con la apertura de nuevos mercados. Vino a ocupar su puesto la manufactura. El estamento medio-industrial suplantó a los maestros de los gremios; la división del trabajo entre las diferentes corporaciones desapareció ante la división del trabajo en el seno del mismo taller.

Pero los mercados crecían sin cesar; la demanda iba siempre en aumento. Ya no bastaba tampoco la manufactura. El vapor y la maquinaria revolucionaron entonces la producción industrial.

La gran industria moderna sustituyó a la manufactura; el lugar del estamento medio-industrial vinieron a ocuparlo los industriales millonarios —jefes de verdaderos ejércitos industriales—, los burgueses modernos. La gran industria ha creado el mercado mundial, ya preparado por el descubrimiento de América. El mercado mundial aceleró prodigiosamente el desarrollo del comercio, de la navegación y de los medios de transporte por tierra. Este desarrollo influyó, a su vez, en el auge de la industria, y a medida que se iban extendiendo la industria, el comercio, la navegación y los ferrocarriles, se desarrollaba la burguesía, multiplicando sus capitales y relegando a segundo término a todas las clases legadas por la Edad Media.

La burguesía moderna, como vemos, es ya de por sí fruto de un largo proceso de desarrollo, de una serie de revoluciones en el mundo de producción y de cambio.

Cada etapa de la evolución recorrida por la burguesía ha ido acompañada del correspondiente progreso político. Estamento bajo la dominación de los señores feudales; asociación armada y autónoma en la comuna;[5] en unos sitios, República urbana independiente; en otros, tercer estado tributario de la monarquía;[6] después, durante el período de la manufactura, contrapeso de la nobleza en las monarquías estamentales, absolutas y, en general, piedra angular de las grandes monarquías, la burguesía, después del establecimiento de la gran industria y del mercado universal, conquistó finalmente la hegemonía exclusiva del poder político en el Estado representativo moderno. El gobierno del Estado moderno no es más que una junta que administra los negocios comunes de toda la clase burguesa.

La burguesía ha desempeñado en la historia un papel altamente revolucionario. Dondequiera que ha conquistado el poder, la burguesía ha destruido las relaciones feudales, patriarcales, idílicas. Las abigarradas ligaduras feudales que ataban al hombre a sus "superiores naturales", las ha desgarrado sin piedad, para no dejar subsistir otro vínculo entre los hombres que el frío interés, el cruel "pago al contado". Ha ahogado el sagrado éxtasis del fervor religioso, el entusiasmo caballeresco y el sentimentalismo del pequeño burgués en las aguas heladas del cálculo egoísta. Ha hecho de la dignidad personal un simple valor de cambio. Ha sustituido las numerosas libertades escrituradas y adquiridas por la única y desalmada libertad de comercio. En una palabra, en lugar de la explotación velada por ilusiones religiosas y políticas, ha establecido una explotación abierta, descarada, directa y brutal.

La burguesía ha despojado de su aureola a todas las profesiones que hasta entonces se tenían por venerables y dignas de piadoso respeto. Al médico, al jurisconsulto, al sacerdote, al poeta, al hombre de ciencia, los ha convertido en sus servidores asalariados.

La burguesía ha desgarrado el velo de emocionante sentimentalismo que encubría las relaciones familiares, y las ha reducido a simples relaciones de dinero.

La burguesía ha revelado que la brutal manifestación de fuerza en la Edad Media, tan admirada por la reacción, tenía su complemento natural en la más relajada holgazanería. Ha sido ella la primera en demostrar lo que puede realizar la actividad humana; ha creado maravillas muy distintas a las pirámides de Egipto, a los acueductos romanos y a las catedrales góticas; y ha realizado campañas muy distintas a las migraciones de los pueblos y a las Cruzadas.

La burguesía no puede existir sino a condición de revolucionar incesantemente los instrumentos de producción y, con ello, todas las relaciones sociales. La conservación del antiguo modo de producción era, por el contrario, la primera condición de existencia de todas las clases industriales precedentes. Una revolución continua en la producción, una incesante conmoción de todas las condiciones sociales, una inquietud y un movimiento constante distinguen la época burguesa de todas las anteriores. Todas las relaciones estancadas y enmohecidas, con su cortejo de creencias y de ideas veneradas durante siglos, quedan rotas, las nuevas se hacen añejas antes de llegar a osificarse. Todo lo estamental y estancado se esfuma; todo lo sagrado es profanado; y los hombres, al fin, se ven forzados a considerar serenamente sus condiciones de existencia y sus relaciones recíprocas.

Espoleada por la necesidad de dar cada vez mayor salida a sus productos, la burguesía recorre el mundo entero. Necesita anidar en todas partes, establecerse en todas partes, crear vínculos en todas partes.

Mediante la explotación del mercado mundial, la burguesía ha dado un carácter cosmopolita a la producción y al consumo de todos los países. Con gran sentimiento de los reaccionarios, ha quitado a la industria su base nacional. Las antiguas industrias nacionales han sido destruidas y están destruyéndose continuamente. Son suplantadas por nuevas industrias, cuya introducción se convierte en cuestión vital para todas las naciones civilizadas, por industrias que ya no emplean materias primas indígenas, sino materias primas venidas de las más lejanas regiones del mundo, y cuyos productos no sólo se consumen en el propio país, sino en todas las partes del globo. En lugar de las antiguas necesidades, satisfechas con productos nacionales, surgen necesidades nuevas, que reclaman para su satisfacción productos de los países más apartados y de los climas más diversos. En lugar del antiguo aislamiento, y la autarquía de las regiones y naciones, se establece un intercambio universal, una interdependencia universal de las naciones. Y esto se refiere, tanto a la producción material, como a la intelectual. La producción intelectual de una nación se convierte en patrimonio común de todas. La estrechez y el exclusivismo nacionales resultan de día en día más imposibles; de las numerosas literaturas nacionales y locales se forma una literatura universal. Merced al rápido perfeccionamiento de los instrumentos de producción y al constante progreso de los medios de comunicación, la burguesía arrastra a la corriente de la civilización a todas las naciones, hasta las más bárbaras. Los bajos precios de sus mercancías constituyen la artillería pesada que derrumba todas las murallas de China y hace capitular a los bárbaros más fanáticamente hostiles a los extranjeros. Obliga a todas las naciones, si no quieren sucumbir, a adoptar el modo burgués de producción, las constriñe a introducir la llamada civilización, es decir, a hacerse burgueses. En una palabra: se forja un mundo a su imagen y semejanza.

La burguesía ha sometido el campo al dominio de la ciudad. Ha creado urbes inmensas; ha aumentado enormemente la población de las ciudades en comparación con las del campo, sustrayendo una gran parte de la población al idiotismo de la vida rural. Del mismo modo que ha subordinado el campo a la ciudad, ha subordinado los países bárbaros o semi bárbaros a los países civilizados, los pueblos campesinos a los pueblos burgueses, el Oriente al Occidente.

La burguesía suprime cada vez más el fraccionamiento de los medios de producción, de la propiedad y de la población. Ha aglomerado la población, ha centralizado los medios de producción y ha concentrado la propiedad en manos de unos pocos. La consecuencia obligada de ello ha sido la centralización política. Las provincias independientes, ligadas entre sí casi únicamente por lazos federales, con intereses, leyes, gobiernos y tarifas aduaneras diferentes, han sido consolidadas en una sola nación, bajo un solo gobierno, una sola ley, un solo interés nacional de clase y una sola línea aduanera.

La burguesía, a lo largo de su dominio de clase, que cuenta apenas con un siglo de existencia, ha creado fuerzas productivas más abundantes y más grandiosas que todas las generaciones pasadas juntas. El sometimiento de las fuerzas de la naturaleza, el empleo de las máquinas, la aplicación de la química a la industria y a la agricultura, la navegación de vapor, el ferrocarril, el telégrafo eléctrico, la asimilación para el cultivo de continentes enteros, la apertura de los ríos a la navegación, poblaciones enteras surgiendo por encanto, como si salieran de la tierra. ¿Cuál de los siglos pasados pudo sospechar siquiera que semejantes fuerzas productivas dormitasen en el seno del trabajo social?

Hemos visto, pues, que los medios de producción y de cambio, sobre cuya base se ha formado la burguesía, fueron creados en la sociedad feudal. Al alcanzar un cierto grado de desarrollo estos medios de producción y de cambio, las condiciones en que la sociedad feudal producía y cambiaba, la organización feudal de la agricultura y de la industria manufacturera, en una palabra, las relaciones feudales de propiedad, cesaron de corresponder a las fuerzas productivas ya desarrolladas. Frenaban la producción en lugar de impulsarla. Se transformaron en otras tantas trabas. Era preciso romper esas trabas, y las rompieron.

En su lugar se estableció la libre concurrencia, con una constitución social y política adecuada a ella, y con la dominación económica y política de la clase burguesa.

Ante nuestros ojos se está produciendo un movimiento análogo. Las relaciones burguesas de producción y de cambio, las relaciones burguesas de propiedad, toda esa sociedad burguesa moderna, que ha hecho surgir como por encanto tan potentes medios de producción y de cambio, se asemeja al mago que ya no es capaz de dominar las potencias infernales que ha desencadenado con sus conjuros. Desde hace algunas décadas, la historia de la industria y del comercio no es más que la historia de la rebelión de las fuerzas productivas modernas contra las actuales relaciones de producción, contra las relaciones de propiedad que condicionan la existencia de la burguesía y su dominación. Basta mencionar las crisis comerciales que, con su retorno periódico, plantean, en forma cada vez más amenazante, la cuestión de la existencia de toda la sociedad burguesa. Durante cada crisis comercial se destruye sistemáticamente, no sólo una parte considerable de productos elaborados, sino incluso de las mismas fuerzas productivas ya creadas. Durante las crisis, una epidemia social, que en cualquier época anterior hubiera parecido absurda, se extiende sobre la sociedad: la epidemia de la superproducción. La sociedad se encuentra súbitamente retrotraída a un estado de súbita barbarie: diríase que el hambre, que una guerra devastadora mundial la han privado de todos sus medios de subsistencia; la industria y el comercio parecen aniquilados. Y todo eso, ¿por qué? Porque la sociedad posee demasiada civilización, demasiados medios de vida, demasiada industria, demasiado comercio. Las fuerzas productivas de que dispone no favorecen ya el régimen de la propiedad burguesa; por el contrario, resultan ya demasiado poderosas para estas relaciones, que constituyen un obstáculo para su desarrollo; y cada vez que las fuerzas productivas salvan este obstáculo, precipitan en el desorden a toda la sociedad burguesa y amenazan la existencia de la propiedad burguesa. Las relaciones burguesas resultan demasiado estrechas para contener las riquezas creadas en su seno. ¿Cómo vence esta crisis la burguesía? De una parte, por la destrucción obligada de una masa de fuerzas productivas; de la otra, por la conquista de nuevos mercados y la explotación más intensa de los antiguos. ¿De qué modo lo hace, pues? Preparando crisis más extensas y más violentas, y disminuyendo los medios para prevenirlas.

Las armas de que se sirvió la burguesía para derribar al

feudalismo se vuelven ahora contra la propia burguesía.

Pero la burguesía no ha forjado solamente las armas que deben darle muerte; ha producido también a los hombres que empuñarán esas armas: los obreros modernos, los proletarios.

En la misma proporción en que se desarrolla la burguesía, es decir, el capital, se desarrolla también el proletariado, la clase de los obreros modernos, que no viven sino a condición de encontrar trabajo, y lo encuentran, únicamente, mientras su trabajo acrecienta el capital. Estos obreros, obligados a venderse al detalle, son una mercancía como cualquier otro artículo de comercio, sujeta, por tanto, a todas las vicisitudes de la competencia, a todas las fluctuaciones del mercado.

El creciente empleo de las máquinas y la división del trabajo quitan al trabajo del proletariado todo carácter propio, y le hacen perder con ello todo atractivo para el obrero. Éste se convierte en un simple apéndice de la máquina, y sólo se le exigen las operaciones más sencillas, más monótonas y de más fácil aprendizaje. Por tanto, lo que cuesta hoy día el obrero se reduce poco más o menos a los medios de subsistencia indispensable para vivir y para perpetuar su linaje. Pero el precio de todo trabajo, como el de toda mercancía, es igual a los gastos de producción. Por consiguiente, cuanto más fastidioso resulta el trabajo, más bajan los salarios. Incluso, cuanto más se desenvuelven la maquinaria y la división del trabajo, más aumenta la cantidad de trabajo bien mediante la prolongación de la jornada, bien por el aumento del trabajo exigido en un tiempo dado, la aceleración del movimiento de las máquinas, etcétera. La industria moderna ha transformado el pequeño taller del maestro patriarcal en la gran fábrica del capitalista industrial. Masas de obreros, hacinados en la fábrica, son organizadas en forma militar. Como soldados rasos de la industria, están colocados bajo la vigilancia de toda jerarquía de oficiales y suboficiales. No son solamente esclavos de la clase burguesa, del Estado burgués, sino diariamente, a todas horas, esclavos de la máquina, del capataz y, sobre todo, del burgués individual, patrón de la fábrica. Y este despotismo es tanto más mezquino, odioso y exasperante, cuanto mayor es la franqueza con que proclama que no tiene otro fin que el lucro.

Cuanto menos habilidad y fuerza requiere el trabajo manual, es decir, cuanto mayor es el desarrollo de la industria moderna, mayor es la proporción en que el trabajo de los hombres es suplantado por el de las mujeres y los niños. Por lo que respecta a la clase obrera, las diferencias de edad y sexo pierden toda significación social. No hay más que instrumentos de trabajo, cuyo coste varía según la edad y el sexo.

Una vez que el obrero ha sufrido la explotación del fabricante y ha recibido su salario en metálico, se convierte en víctima de otros elementos de la burguesía: el casero, el tendero, el prestamista, etcétera.

Pequeños industriales, pequeños comerciantes y rentistas, artesanos y campesinos, toda la escala inferior de las clases medias de otro tiempo, caen en las filas del proletariado. Unos, porque sus pequeños capitales no les alcanzan para acometer grandes empresas industriales, y sucumben en la competencia con los capitalistas más fuertes; otros, porque su habilidad profesional se ve despreciada ante los nuevos métodos de producción. De tal suerte, el proletariado se recluta entre todas las clases de la población.

El proletariado pasa por diferentes etapas de desarrollo. Su lucha contra la burguesía comienza con su surgimiento. Al principio, la lucha es entablada por obreros aislados, después, por los obreros de una misma fábrica, más tarde, por los obreros del mismo oficio de la localidad contra el burgués individual que los explota directamente. No se contentan con dirigir sus ataques contra las relaciones burguesas de producción, y los dirigen contra los mismos instrumentos de producción: destruyen las mercancías extranjeras que les hacen competencia, rompen las máquinas, incendian las fábricas, intentan reconquistar por la fuerza la posición perdida del artesano de la Edad Media.

En esta etapa, los obreros forman una masa diseminada por todo el país y disgregada por la competencia. Si los obreros forman masas compactas, esta acción no es todavía consecuencia de su propia unión, sino de la unión de la burguesía, que para alcanzar sus propios fines políticos debe —y por ahora aún puede— poner en movimiento a todo el proletariado. Durante esta etapa, los proletarios no combaten, por tanto, contra sus propios enemigos, sino contra los enemigos de sus enemigos, es decir, contra los restos de la monarquía absoluta, los propietarios territoriales, los burgueses no industriales y los pequeños burgueses. Todo el movimiento histórico se concentra, de esta suerte, en manos de la burguesía; cada victoria alcanzada en estas condiciones es una victoria de la burguesía.

Pero la industria, en su desarrollo, no sólo acrecienta el número de proletarios, sino que les concentra en masas considerables; su fuerza aumenta y adquieren mayor conciencia de la misma. Los intereses y las condiciones de existencia de los proletarios, se igualan cada vez más a medida que la máquina va borrando las diferencias en el trabajo y reduce el salario, casi en todas partes, a un nivel igualmente bajo. Como resultado de la creciente competencia de los burgueses entre sí y de las crisis comerciales que ella ocasiona, los salarios son cada vez más fluctuantes; el constante y acelerado perfeccionamiento de la máquina, coloca al obrero en situación cada vez más precaria; las colisiones entre el obrero individual y el burgués individual, adquieren más y más el carácter de colisiones entre dos clases. Los obreros empiezan a formar coaliciones[7] contra los burgueses y actúan en común para la defensa de sus salarios. Llegan hasta formar asociaciones permanentes para asegurarse los medios necesarios, en previsión de estos choques eventuales. Aquí y allá la lucha estalla en sublevación.

A veces, los obreros triunfan; pero es un triunfo efímero. El verdadero resultado de sus luchas no es el éxito inmediato, sino la unión cada vez más extensa de los obreros. Esta unión es propiciada por el crecimiento de los medios de comunicación creados por la gran industria, y que ponen en contacto a los obreros de diferentes localidades. Y basta ese contacto para que las numerosas luchas locales, que en todas partes revisten el mismo carácter, se centralicen en una lucha nacional, en una lucha de clases. Mas, toda lucha de clases es una lucha política. Y la unión que los habitantes de las ciudades de la Edad Media, con sus caminos vecinales, tardaron siglos en establecer, los proletarios modernos, con los ferrocarriles, la llevan a cabo en unos pocos años. Esta organización del proletariado en clase y, por tanto, en partido político, vuelve sin cesar a ser socavada por la competencia entre los propios obreros. Pero resurge, y siempre más fuerte, más firme, más potente. Aprovecha las disensiones intestinas de los burgueses para obligarles a reconocer por la ley algunos intereses de la clase obrera; por ejemplo, la ley de la jornada de diez horas en Inglaterra.

En general, las colisiones en la vieja sociedad favorecen de diversas maneras el proceso de desarrollo del proletariado. La burguesía vive en lucha permanente. Al principio, contra la aristocracia; después, contra aquellas facciones de la misma burguesía, cuyos intereses entran en contradicción con los progresos de la industria, y siempre, en fin, contra la burguesía de todos los demás países. En todas partes, estas luchas se ven forzadas a apelar al proletariado, a reclamar su ayuda y a arrástrale así al movimiento político. De tal manera, la burguesía proporciona a los proletarios los elementos de su propia educación,[8] es decir, armas contra ella misma.

Además, como acabamos de ver, el progreso de la industria precipita a las filas del proletariado a capas enteras de la clase dominante, o, al menos, las amenaza en sus condiciones de existencia. También ellas aportan al proletariado numerosos elementos de educación. Finalmente, en los períodos en que la lucha de clases, se acerca a su desenlace, el proceso de desintegración de la clase dominante, de toda la vieja sociedad, adquiere un carácter tan violento, y tan agudo, que una pequeña fracción de esa clase reniega de ella y se adhiere a la clase revolucionaria, a la clase en cuyas manos está el porvenir. Y así como antes una parte de la nobleza se pasó a la burguesía, en nuestros días un sector de la burguesía se pasa al proletariado, particularmente ese sector de los ideólogos burgueses que se han elevado hasta la comprensión teórica del conjunto del movimiento histórico. De todas las clases que hoy se enfrentan con la burguesía, sólo el proletariado es una clase verdaderamente revolucionaria. Las demás clases van degenerando y desaparecen con el desarrollo de la gran industria; el proletariado, en cambio, es su producto más peculiar.

Los estamentos medios —el pequeño industrial, el pequeño comerciante, el artesano, el campesino—, todos ellos luchan contra la burguesía para salvar de la ruina su existencia como tales estamentos medios. No son, pues, revolucionarios, sino conservadores. Es más, son reaccionarios, ya que pretenden volver atrás la rueda de la historia. Son revolucionarios, únicamente, por cuanto tienen ante sí la perspectiva de su tránsito inminente al proletariado, defendiendo así no sus intereses presentes, sino sus intereses futuros, por cuanto abandonan sus propios puntos de vista para adoptar los del proletariado.

El lumpen proletariado, ese producto pasivo de la putrefacción de las capas más bajas de la vieja sociedad, puede, a veces, ser arrastrado al movimiento por una revolución proletaria; sin embargo, en virtud de todas sus condiciones de vida, está más dispuesto a venderse a la reacción para servir a sus maniobras.

Las condiciones de existencia de la vieja sociedad están ya abolidas en las condiciones de existencia del proletariado. El proletariado no tiene propiedad; sus relaciones con la mujer y con los hijos no tienen nada en común con las relaciones familiares burguesas; el trabajo industrial moderno, el moderno yugo del capital, que es el mismo en Inglaterra que en Francia, en Norteamérica que en Alemania, despoja al proletariado de todo carácter nacional. Las leyes, la moral, la religión son para él meros prejuicios burgueses, detrás de los cuales se ocultan otros tantos intereses de la burguesía. Todas las clases que en el pasado lograron hacerse dominantes, trataron de consolidar la situación adquirida sometiendo a toda sociedad a las condiciones de su modo de apropiación. Los proletarios no pueden conquistar las fuerzas productivas sociales, sino aboliendo su propio modo de apropiación en vigor y, por tanto, todo modo de apropiación existente hasta nuestros días. Los proletarios no tienen nada que salvaguardar; tienen que destruir todo lo que hasta ahora ha venido garantizando y asegurando la propiedad privada existente.

Todos los movimientos han sido, hasta ahora, realizados por minorías o en provecho de minorías. El movimiento proletario es un movimiento propio de la mayoría en provecho de la mayoría. El proletariado, capa inferior de la sociedad actual, no puede levantarse, no puede enderezarse, sin hacer saltar toda la superestructura formada por las capas de la sociedad oficial. Por su forma, aunque no por su contenido, la lucha del proletariado contra la burguesía es, primeramente, una lucha nacional. Es natural que el proletariado de cada país deba acabar, en primer lugar, con su propia burguesía. Al esbozar las fases más generales del desarrollo del proletariado, hemos seguido el curso de la guerra civil, más o menos oculta, que se desarrolla en el seno de la sociedad existente, hasta el momento en que se transforma en una revolución abierta, y el proletariado, derrocando por la violencia a la burguesía, implanta su dominación.

Todas las sociedades anteriores, como hemos visto, han descansado en el antagonismo entre clases opresoras y oprimidas. Mas, para poder oprimir a una clase, es preciso asegurarle unas condiciones que le permitan, por lo menos, arrastrar su existencia de esclavitud. El siervo, en pleno régimen de servidumbre, llegó a miembro de la comuna, lo mismo que el pequeño burgués llegó a elevarse a la categoría de burgués bajo el yugo del absolutismo feudal. El obrero moderno, por el contrario, lejos de elevarse con el progreso de la industria, desciende siempre más y más por debajo de las condiciones de vida de su propia clase. El trabajador cae en la miseria, y el pauperismo crece más rápidamente todavía que la población y la riqueza. Es, pues, evidente que la burguesía ya no es capaz de seguir desempeñando el papel de clase dominante de la sociedad ni de imponer a ésta, como ley reguladora, las condiciones de existencia de su clase. No es capaz de dominar, porque no es capaz de asegurar a su esclavo la existencia ni siquiera dentro del marco de la esclavitud, porque se ve obligada a dejarle decaer hasta el punto de tener que mantenerle, en lugar de ser mantenida por él. La sociedad ya no puede vivir bajo su dominación; lo que equivale a decir que la existencia de la burguesía es, en lo sucesivo, incompatible con la de la sociedad.

La condición esencial de la existencia y de la dominación de la clase burguesa, es la acumulación de la riqueza en manos de particulares, la formación y el acrecentamiento del capital. La condición de existencia del capital es el trabajo asalariado. El trabajo asalariado descansa, exclusivamente, sobre la competencia de los obreros entre sí. El progreso de la industria, del que la burguesía, incapaz de oponérsele, es agente involuntario, sustituye el aislamiento de los obreros, resultante de la competencia, por su unión revolucionaria mediante la asociación. Así, el desarrollo de la gran industria socava, bajo los pies de la burguesía, las bases sobre las que ésta produce y se apropia lo producido. La burguesía produce, ante todo, sus propios sepultureros. Su hundimiento y la victoria del proletariado son igualmente inevitables.

## II. PROLETARIOS Y COMUNISTAS

¿Cuál es la posición de los comunistas con respecto a los proletarios en general?

Los comunistas no forman un partido aparte, opuesto a los

otros partidos obreros. No tienen intereses que los separen del conjunto del proletariado. No proclaman principios especiales[9] a los que quisieran amoldar el movimiento proletario.

Los comunistas sólo se distinguen de los demás partidos proletarios en que, por una parte, en las diferentes luchas nacionales de los proletarios, destacan y hacen valer los intereses comunes a todo el proletariado, independientemente de la nacionalidad; y por otra parte, en que, en las diferentes fases de desarrollo por que pasa la lucha entre el proletariado y la burguesía, representan siempre los intereses del movimiento en su conjunto.

Prácticamente, los comunistas son, pues, el sector más resuelto de los partidos obreros de todos los países, el sector que siempre impulsa adelante[10] a los demás; teóricamente, tienen sobre el resto del proletariado la ventaja de su clara visión de las condiciones, de la marcha y de los resultados generales del movimiento proletario.

El objetivo inmediato de los comunistas es el mismo que el de todos los demás partidos proletarios: constitución de los proletarios en clase, derrocamiento de la dominación burguesa, conquista del poder político por el proletariado. Las tesis teóricas de los comunistas no se basan, en modo alguno, en ideas y principios inventados o descubiertos por tal o cual reformador del mundo. No son sino la expresión en conjunto de las condiciones reales de una lucha de clases existente, de un movimiento histórico que se está desarrollando ante nuestros ojos. La abolición de las relaciones de propiedad existentes desde antes, no es una característica propia del comunismo.

Todas las relaciones de propiedad han sufrido constantes cambios históricos, continuas transformaciones históricas.

La Revolución francesa, por ejemplo, abolió la propiedad feudal en provecho de la propiedad burguesa.

El rasgo distintivo del comunismo no es la abolición de la propiedad en general, sino la abolición de la propiedad burguesa.

Pero la propiedad privada burguesa moderna es la última —y más acabada— expresión del modo de producción y de apropiación de lo producido basado en los antagonismos de clase, en la explotación de los unos por los otros.[11] En este sentido, los comunistas pueden resumir su teoría en esta fórmula única: abolición de la propiedad privada.

Se nos ha reprochado a los comunistas el querer abolir la propiedad personalmente adquirida, fruto del trabajo propio, esa propiedad que forma la base de toda libertad, actividad e independencia individual.

¡La propiedad adquirida, fruto del trabajo, del esfuerzo personal! ¿Os referís acaso a la propiedad del pequeño burgués, del pequeño labrador, esa forma de propiedad que ha precedido a la propiedad burguesa? No tenemos que abolirla: el progreso de la industria la ha abolido y está aboliéndola a diario.

¿O tal vez os referís a la propiedad privada burguesa moderna? ¿Es que el trabajo asalariado, el trabajo del proletario, crea propiedad para el proletario? De ninguna manera. Lo que crea es capital, es decir, la propiedad que explota al trabajo asalariado y que no puede acrecentarse, sino a condición de producir nuevo trabajo asalariado, para volver a explotarlo. En su forma actual, la propiedad se mueve en el antagonismo entre el capital y el trabajo asalariado. Examinemos los dos términos de este antagonismo.

Ser capitalista significa ocupar no sólo una posición puramente personal en la producción, sino también una posición social. El capital es un producto colectivo; no puede ser puesto en movimiento, sino por la actividad conjunta de muchos miembros de la sociedad y, en última instancia, sólo por la actividad conjunta de todos los miembros de la sociedad.

El capital no es, pues, una fuerza personal; es una fuerza social. En consecuencia, si el capital es transformado en propiedad colectiva, perteneciente a todos los miembros de la sociedad, no es la propiedad personal la que se transforma en propiedad social. Sólo cambia el carácter social de la propiedad.

Ésta pierde su carácter de clase.

Examinemos el trabajo asalariado. El precio medio del trabajo asalariado es el mínimo del salario, es decir, la suma de los medios de subsistencia indispensables al obrero para conservar su vida como tal obrero. Por consiguiente, lo que el obrero asalariado se apropia por su actividad es, estrictamente, lo que necesita para la mera reproducción de su vida. No queremos de ninguna manera abolir esta apropiación personal de los productos del trabajo, indispensables para la mera reproducción de la vida humana, esa apropiación, que no deja ningún beneficio líquido que pueda dar un poder sobre el trabajo de otro. Lo que queremos suprimir es el carácter miserable de esa apropiación, que hace que el obrero no viva sino para acrecentar el capital, y tan sólo en la medida en que el interés de la clase dominante exige que viva.

En la sociedad burguesa, el trabajo vivo no es más que un medio de incrementar el trabajo acumulado. En la sociedad comunista, el trabajo acumulado no es más que un medio de ampliar, de enriquecer y hacer más fácil la vida de los trabajadores. De este modo, en la sociedad burguesa, el pasado domina sobre el presente; en la sociedad comunista, es el presente el que domina sobre el pasado. En la sociedad burguesa, el capital es independiente y tiene personalidad, mientras que el individuo que trabaja carece de independencia y está despersonalizado. ¡Y la burguesía dice que la abolición de semejante estado de cosas es la abolición de la personalidad y de la libertad! Y con razón. Pues se trata, efectivamente, de abolir la personalidad burguesa, la independencia burguesa y la libertad burguesa.

Por la libertad, en las condiciones actuales de la producción burguesa, se entiende la libertad de comercio, la libertad de comprar y vender. Desaparecida la compraventa, desaparecerá también la libertad de compraventa. Las declamaciones sobre la libertad de compraventa, lo mismo que las demás bravatas liberales de nuestra burguesía, sólo tienen sentido aplicadas a la compraventa encadenada y al burgués sojuzgado de la Edad

Media; pero no ante la abolición comunista de compraventa de las relaciones de producción burguesas y de la propia burguesía.

Os horrorizáis que queramos abolir la propiedad privada. Pero, en vuestra sociedad actual, la propiedad privada está abolida para las nueve décimas partes de sus miembros; precisamente, porque no existe para esas nueve décimas partes. Nos reprocháis, pues, el querer abolir una forma de propiedad que no puede existir sino a condición de que la mayoría de la sociedad sea privada de propiedad.

En una palabra, nos acusáis de querer abolir vuestra propiedad. Efectivamente, eso es lo que queremos.

Según vosotros, desde el momento en que el trabajo no puede ser convertido en capital, en dinero, en renta de la tierra, en una palabra, en poder social susceptible de ser monopolizado; es decir, desde el instante en que la propiedad personal no puede transformarse en propiedad burguesa, desde ese instante, la personalidad queda suprimida.

Reconocéis, pues, que por su personalidad no entendéis sino al burgués, al propietario burgués. Y esta personalidad, ciertamente, debe ser suprimida. El comunismo no arrebata a nadie la facultad de apropiarse de los productos sociales; no quita más que el poder de sojuzgar por medio de esta apropiación el trabajo ajeno.

Se ha objetado que con la abolición de la propiedad privada cesaría toda actividad y sobrevendría una indolencia general.

Si así fuese, hace ya mucho tiempo que la sociedad burguesa habría sucumbido a manos de la holgazanería, puesto que en ella los que trabajan no adquieren y los que adquieren no trabajan. Toda la objeción se reduce a esta tautología: no hay trabajo asalariado donde no hay capital.

Todas las objeciones dirigidas contra el modo comunista de apropiación y de producción de bienes materiales, se hacen extensivas, igualmente, respecto de la apropiación y de la producción de los productos del trabajo intelectual. Lo mismo que para el burgués la desaparición de la propiedad de clase equivale a la desaparición de toda producción, la desaparición de la cultura de clase significa para él la desaparición de toda cultura. La cultura, cuya pérdida deplora, no es para la mayoría de los hombres más que el adiestramiento que los transforma en máquinas.

Mas, no discutáis con nosotros mientras apliquéis a la abolición de la propiedad burguesa el criterio de vuestras nociones burguesas de libertad, cultura, derecho, etc. Vuestras ideas mismas son causadas por las relaciones de producción y de propiedad burguesas, como vuestro derecho no es más que la voluntad de vuestra clase erigida en ley; voluntad cuyo contenido está determinado por las condiciones materiales de existencia de vuestra clase. La concepción interesada que os ha hecho erigir en leyes eternas de la naturaleza y la razón las relaciones sociales dimanadas de vuestro modo de producción, y de propiedad — relaciones históricas que surgen y desaparecen en el curso de la producción—, la compartís con todas las clases dominantes hoy desaparecidas. Lo que concebís para la propiedad antigua, lo que concebís para la propiedad feudal, no os atrevéis a admitirlo para la propiedad burguesa.

¡Querer abolir la familia! Hasta los más radicales se indignan ante este infame designio de los comunistas.

¿En qué bases descansa la familia actual, la familia burguesa? En el capital, en el lucro privado. La familia, plenamente desarrollada, no existe más que para la burguesía; pero encuentra su complemento en la supresión forzosa de toda familia para el proletariado y en la prostitución pública.

La familia burguesa desaparece naturalmente al dejar de existir ese complemento suyo, y ambos desaparecen con la desaparición del capital.

¿Nos reprocháis el querer abolir la explotación de los hijos por sus padres? Confesamos este crimen.

Pero decís que destruimos los vínculos más íntimos,

sustituyendo la educación doméstica por la educación social.

Y vuestra educación, ¿no está también determinada por la sociedad, por las condiciones sociales en que educáis a vuestros hijos, por la intervención directa o indirecta de la sociedad a través de la escuela, etc.? Los comunistas no han inventado esta injerencia de la sociedad en la educación, no hacen más que cambiar su carácter y arrancar la educación a la influencia de la clase dominante.

Las declamaciones burguesas sobre la familia y la educación, sobre los dulces lazos que unen a los padres con sus hijos, resultan más repugnantes a medida que la gran industria destruye todo vínculo de familia para el proletario y transforma a los niños en simples artículos de comercio, en simples instrumentos de trabajo. ¡Pero es que vosotros, los comunistas, queréis establecer la comunidad de las mujeres! —nos grita a coro toda la burguesía.

Para el burgués, su mujer no es otra cosa que instrumento de producción. Oye decir que los instrumentos de producción deben ser de utilización común, y, naturalmente, no puede por menos pensar que las mujeres correrán la misma suerte de la socialización.

No sospecha que se trata, precisamente, de acabar con esa situación de la mujer como simple instrumento de producción.

Nada más grotesco, por otra parte, que el horror ultra moral que inspira a nuestros burgueses la pretendida comunidad oficial de las mujeres que atribuyen a los comunistas. Los comunistas no tienen necesidad de introducir la comunidad de las mujeres: casi siempre ha existido.

Nuestros burgueses, no satisfechos con tener a su disposición las mujeres y las hijas de sus obreros, sin hablar de la prostitución oficial, encuentran un placer singular en seducir mutuamente las esposas.

El matrimonio burgués es, en realidad, la comunidad de las esposas. A lo sumo, se podría acusar a los comunistas de querer sustituir una comunidad de las mujeres hipócritamente disimulada, por una comunidad franca y oficial. Es evidente, por otra parte, que con la abolición de las relaciones de producción actuales, desaparecerá la comunidad de las mujeres que de ellas se deriva, es decir, la prostitución oficial y no oficial.

Se acusa también a los comunistas de querer abolir la patria, la nacionalidad.

Los obreros no tienen patria. No se les puede arrebatar lo que no poseen. Mas, por cuanto el proletariado debe, en primer lugar, conquistar el poder político, debe elevarse a la condición de clase nacional,[12] constituirse en nación, todavía es nacional, aunque de ninguna manera en el sentido burgués.

El aislamiento nacional y los antagonismos entre los pueblos desaparecen a diario con el desarrollo de la burguesía, la libertad de comercio y el mercado mundial, con la uniformidad de la producción industrial y las condiciones de existencia que le corresponden.

El dominio del proletariado los hará desaparecer más deprisa todavía. La acción común, al menos de los países civilizados, es una de las primeras condiciones de su emancipación.

En la misma medida en que sea abolida la explotación de un individuo por otro, será abolida la explotación de una nación por otra.

Al mismo tiempo que el antagonismo de las clases en el interior de las naciones, desaparecerá la hostilidad de las naciones entre sí.

En cuanto a las acusaciones lanzadas contra el comunismo, partiendo del punto de vista de la religión, de la filosofía y de la ideología, en general, éstas no merecen un examen detallado.

¿Acaso se necesita una gran perspicacia para comprender que con toda modificación en las condiciones de vida, en las relaciones sociales, en la existencia social, cambian también las ideas, las nociones y las concepciones, en una palabra, la conciencia del hombre?

¿Qué demuestra la historia de las ideas, sino que la producción intelectual se transforma con la producción material? Las ideas dominantes en cualquier época no han sido nunca más que las ideas de la clase dominante.

Cuando se habla de ideas que revolucionan toda una sociedad, se expresa solamente el hecho de que en el seno de la vieja sociedad se han formado los elementos de una nueva, y la disolución de las viejas ideas marcha a la par con la disolución de las antiguas condiciones de vida.

En el ocaso del mundo antiguo, las viejas religiones fueron vencidas por la religión cristiana. Cuando, en el siglo XVIII, las ideas cristianas fueron vencidas por las ideas de la ilustración, la sociedad feudal libraba una lucha a muerte contra la burguesía, entonces revolucionaria. Las ideas de libertad religiosa y de libertad de conciencia, no hicieron más que reflejar el reinado de la libre concurrencia en el dominio del saber.

"Sin duda —se nos dirá—, las ideas religiosas, morales, filosóficas, políticas, jurídicas, etc., se han ido modificando en el curso del desarrollo histórico. Pero la religión, la moral, la filosofía, la política, el derecho, se han mantenido siempre a través de estas transformaciones. Existen, además, verdades eternas, tales como la libertad, la justicia, etc., que son comunes a todo estado de la sociedad. Pero el comunismo quiere abolir estas verdades eternas, quiere abolir la religión y la moral, en lugar de darles una forma nueva, y por eso contradice a todo el desarrollo histórico anterior."

¿A qué se reduce esta acusación? La historia de todas las sociedades que han existido hasta hoy, se desenvuelve en medio de contradicciones de clase, de contradicciones que revisten formas diversas en las diferentes épocas. Pero, cualquiera que haya sido la forma de estas contradicciones, la explotación de una parte de la sociedad por la otra es un hecho común a todos los siglos anteriores. Por consiguiente, no tiene nada de asombroso que la conciencia social de todos los siglos, a despecho de toda variedad y de toda diversidad, se haya movido siempre dentro de ciertas formas comunes, dentro de unas formas —formas de conciencia— que no desaparecerán, completamente, más que con la desaparición definitiva de los antagonismos de clase.

La revolución comunista es la ruptura más radical con las relaciones de propiedad tradicionales, nada de extraño tiene que el curso de su desarrollo rompa de la manera más radical con las ideas tradicionales. Más, dejemos aquí las objeciones hechas por la burguesía al comunismo. Como ya hemos visto antes, el primer paso de la revolución obrera es la elevación del proletariado a clase dominante, la conquista de la democracia. El proletariado se valdrá de su dominación política para ir arrancando gradualmente a la burguesía todo el capital, para centralizar todos los instrumentos de producción en manos del Estado, es decir, del proletariado organizado como clase dominante, y para aumentar con la mayor rapidez posible la suma de las fuerzas productivas.

Esto, naturalmente, no podrá cumplirse al principio más que por una violación despótica del derecho de propiedad y de las relaciones burguesas de producción, es decir, por la adopción de medidas que desde el punto de vista económico parecerán insuficientes e insostenibles, pero que en el curso del movimiento se sobrepasarán a sí mismas[13] y serán indispensables como medio para transformar, radicalmente, todo el modo de producción.

Estas medidas, por supuesto, serán diferentes en los diversos países. Sin embargo, en los países más avanzados podrán ser puestas en práctica —casi en todas partes— las medidas siguientes:

1. Expropiación de la propiedad territorial y empleo de la renta de la tierra para los gastos del Estado.

2. Fuerte impuesto progresivo.

3. Abolición de los derechos de herencia.

4. Confiscación de la propiedad de todos los emigrados y sediciosos.

5. Centralización del crédito en manos del Estado, por medio de un banco nacional con capital del Estado y monopolio exclusivo.

6. Centralización en manos del Estado de todos los medios de transporte.

7. Multiplicación de las empresas fabriles pertenecientes al Estado, y de los instrumentos de producción; roturación de los terrenos incultos y mejoramiento de las tierras, según un plan general.

8. Obligación de trabajar para todos; organización de ejércitos industriales, particularmente, para la agricultura.

9. Combinación de la agricultura y la industria; medidas encaminadas a hacer desaparecer gradualmente la diferencia entre la ciudad y el campo.[14]

10. Educación pública y gratuita de todos los niños; abolición del trabajo de éstos en las fábricas, tal como se practica hoy; régimen de educación combinado con la producción material, etcétera.

Una vez que en el curso del desarrollo hayan desaparecido las diferencias de clase, y se haya concentrado toda la producción en manos de los individuos asociados, el poder público perderá su carácter político. El poder político, hablando propiamente, es la violencia organizada de una clase para la opresión de otra. Si en la lucha contra la burguesía el proletariado se constituye, indefectiblemente, en clase; si mediante la revolución se convierte en clase dominante y, en cuanto clase dominante, suprime por la fuerza las viejas relaciones de producción, suprime, al mismo tiempo que estas relaciones de producción, las condiciones para la existencia del antagonismo de clase y de las clases, en general, y, por tanto, su propia dominación como clase.

En sustitución de la antigua sociedad burguesa con sus clases y sus antagonismos de clase, surgirá una asociación en la cual el libre desenvolvimiento de cada uno será la condición del libre desenvolvimiento de todos.

## III. LITERATURA SOCIALISTA Y COMUNISTA

### El socialismo reaccionario

*El socialismo feudal.* Por su posición histórica, las aristocracias francesa e inglesa estaban llamadas a escribir libelos contra la moderna sociedad burguesa. En la Revolución francesa de julio de 1880 y en el movimiento inglés por la reforma parlamentaria, estas aristocracias habían sucumbido una vez más bajo los golpes del odiado advenedizo. En adelante, no podía hablarse siquiera de una lucha política seria. No le quedaba más que la lucha literaria. Pero, también en el terreno literario, la vieja fraseología de la época de la Restauración[15] había llegado a ser inaceptable. Para crearse simpatías, era menester que la aristocracia aparentase no tener en cuenta sus propios intereses y que formulara su acta de acusación contra la burguesía sólo en interés de la clase obrera explotada. Se dio de esta suerte la satisfacción de componer canciones satíricas contra su nuevo amo y de musitarle al oído profecías más o menos siniestras.

Así es como nació el socialismo feudal, mezcla de jeremiadas y pasquines, de ecos del pasado y de amenazas sobre el porvenir. Si alguna vez su crítica amarga, mordaz e ingeniosa, hirió a la burguesía en el corazón, su incapacidad absoluta para comprender la marcha de la historia moderna concluyó siempre por cubrirle de ridículo. A guisa de bandera, estos señores enarbolaban el saco de mendigo del proletariado, a fin de atraer al pueblo. Pero, cada vez que el pueblo acudía, advertía que sus posaderas estaban ornadas con el viejo blasón feudal y se dispersaba en medio de grandes e irreverentes carcajadas. Una parte de los legitimistas franceses y la "Joven Inglaterra" han dado al mundo este espectáculo cómico.

Cuando los campeones del feudalismo aseveran que su modo de explotación era distinto del de la burguesía, olvidan una cosa, y es que ellos explotaban en condiciones y circunstancias por completo diferentes, y hoy anticuadas. Cuando advierten que bajo su dominación no existía el proletariado moderno, olvidan que la burguesía moderna es, precisamente, un retoño necesario del régimen social suyo.

Disfrazan tan poco, por otra parte, el carácter reaccionario de su crítica, que la principal acusación que presentan contra la burguesía es, precisamente, haber creado bajo su régimen una clase que hará saltar por los aires todo el antiguo orden social.

Lo que imputan a la burguesía no es tanto el haber hecho surgir un proletariado, en general, sino el haber hecho surgir un proletariado revolucionario.

Por eso, en la práctica política, toman parte en todas las medidas de represión contra la clase obrera. Y en la vida diaria, a pesar de su fraseología ampulosa, se las ingenian para recoger los frutos de oro[16] y trocar el honor, el amor y la fidelidad por el comercio en lanas, remolacha azucarera y aguardiente.[17] Del mismo modo que el cura y el señor feudal han marchado siempre de la mano, el socialismo clerical marcha unido con el socialismo feudal.

Nada más fácil que recubrir con un barniz socialista el ascetismo cristiano. ¿Acaso el cristianismo no se levantó también contra la propiedad privada, el matrimonio y el Estado? ¿No predicó en su lugar la caridad y la pobreza, el celibato y la mortificación de la carne, la vida monástica y la Iglesia? El socialismo cristiano no es más que el agua bendita con la cual el clérigo consagra el despecho de la aristocracia.

*El socialismo pequeño burgués.*    La aristocracia feudal no es la única clase derrumbada por la burguesía, y no es la única clase cuyas condiciones de existencia empeoran y van extinguiéndose en la sociedad burguesa moderna. Los habitantes de las ciudades medievales y el estamento de los pequeños agricultores de la Edad Media, fueron los precursores de la burguesía moderna. En los países de una industria y un comercio menos desarrollado, esta clase continúa vegetando al lado de la burguesía en auge.

En los países donde se ha desarrollado la civilización moderna, se ha formado —y, como parte complementaria de la sociedad burguesa, sigue formándose sin cesar— una nueva clase de pequeños burgueses, que oscila entre el proletariado y la burguesía. Pero los individuos que la componen se ven continuamente precipitados a las filas del proletariado, a causa de la competencia y, con el desarrollo de la gran industria, ven aproximarse el momento en que desaparecerán por completo como fracción independiente de la sociedad moderna, y en que serán reemplazados en el comercio, en la manufactura, y en la agricultura por capataces y empleados.

En países como Francia, donde los campesinos constituyen bastante más de la mitad de la población, era natural que los escritores que defienden la causa del proletariado contra la burguesía, aplicasen a su crítica del régimen burgués el rasero del pequeño burgués y del pequeño campesino, y defendiesen la causa obrera desde el punto de vista de la pequeña burguesía. Así se formó el socialismo pequeño-burgués. Sismondi es el más alto exponente de esta literatura, no sólo en Francia, sino también en Inglaterra.

Este socialismo analizó con mucha sagacidad las contradicciones inherentes a las modernas relaciones de la producción. Puso al desnudo las hipócritas apologías de los economistas. Demostró de una manera irrefutable los efectos destructores de la maquinaria y de la división del trabajo, la concentración de los capitales y de la propiedad territorial, la superproducción, la crisis, la inevitable ruina de los pequeños burgueses y de los campesinos, la miseria del proletariado, la anarquía en la producción, la escandalosa desigualdad en la distribución de las riquezas, la exterminadora guerra industrial de las naciones entre sí, la disolución de las viejas costumbres, de las antiguas relaciones familiares, de las viejas nacionalidades.

Sin embargo, el contenido positivo de ese socialismo consiste, bien en su anhelo por restablecer los antiguos medios de producción y de cambio, y con ellos las antiguas relaciones de propiedad y toda la sociedad antigua, bien en querer encajar por la fuerza los medios modernos de producción y de cambio en el marco de las antiguas relaciones de propiedad, que ya fueron rotas, que fatalmente debían ser rotas por ellos. En uno y otro caso, este socialismo es, a la vez, reaccionario y utópico. Para la manufactura, el sistema gremial; para la agricultura, el régimen patriarcal. He aquí su última palabra. En su ulterior desarrollo, esta tendencia ha caído en un marasmo cobarde.[18]

*El socialismo alemán o socialismo "verdadero".* La literatura socialista y comunista de Francia, que nació bajo el yugo de una burguesía dominante, como expresión literaria de una lucha contra dicha dominación, fue introducida en Alemania en el momento en que la burguesía acababa de comenzar su lucha contra el absolutismo feudal. Filósofos, semi-filósofos e ingenios de salón alemanes se lanzaron ávidamente sobre esta literatura; pero olvidaron que con la importación de la literatura francesa no habían sido importadas a Alemania, al mismo tiempo, las condiciones sociales de Francia. En las condiciones alemanas, la literatura francesa perdió toda significación práctica inmediata y tomó un carácter puramente literario. Debía parecer más bien una especulación ociosa sobre la realización de la esencia humana. De este modo, para los filósofos alemanes del siglo XVIII, las reivindicaciones de la primera Revolución francesa no eran más que reivindicaciones de la "razón práctica", en general, y las manifestaciones de la voluntad de la burguesía revolucionaria de Francia, no expresaban —a sus ojos— más que las leyes de la voluntad pura, de la voluntad tal como debía ser, de la voluntad verdaderamente humana. Toda la labor de los literatos alemanes se redujo sólo a poner de acuerdo las nuevas ideas francesas con su vieja conciencia filosófica, o, para ser más exactos, a asimilarse las ideas francesas partiendo de sus propias opiniones filosóficas.

Y se asimilaron como se asimila, en general, una lengua

extranjera: por la traducción.

Se sabe cómo los frailes superpusieron sobre los manuscritos de las obras clásicas del antiguo paganismo, las absurdas descripciones de la vida de los santos católicos. Los literatos alemanes procedieron inversamente con respecto a la literatura profana francesa. Deslizaron sus absurdos filosóficos bajo el original francés. Por ejemplo: bajo la crítica francesa de las funciones del dinero, escribían: "enajenación de la esencia humana"; bajo la crítica francesa del Estado burgués, decían: "eliminación del poder de lo universal abstracto", y así sucesivamente.

A esta interpolación de su fraseología filosófica en la crítica francesa, le dieron los nombres de "filosofía de la acción", "socialismo verdadero", "ciencia alemana del socialismo", "fundamentación filosófica del socialismo", etcétera. De esta manera, fue completamente castrada la literatura socialista-comunista francesa. Y como, en manos de los alemanes, dejó de ser la expresión de la lucha de una clase contra otra, los alemanes se imaginaron estar muy por encima de la "estrechez francesa" y haber defendido, en lugar de las verdaderas necesidades, la necesidad de la verdad, en lugar de los intereses del proletariado, los intereses de la esencia humana, del hombre en general, del hombre que no pertenece a ninguna clase ni a ninguna realidad y que no existe más que en el cielo brumoso de la fantasía filosófica.

Este socialismo alemán, que tomaba tan solemnemente en serio sus torpes ejercicios de escolar, y que con tanto estrépito charlatanesco los lanzaba a los cuatro vientos, fue perdiendo poco a poco su inocencia pedantesca.

La lucha de la burguesía alemana y, principalmente, de la burguesía prusiana, contra los feudales y la monarquía absoluta, en una palabra, el movimiento liberal, adquiría un carácter más serio.

De esta suerte, ofreciósele al "verdadero" socialismo la ocasión tan deseada de contraponer al movimiento político las reivindicaciones socialistas, de fulminar los anatemas tradicionales contra el liberalismo, contra el Estado representativo, contra la concurrencia burguesa, contra la libertad burguesa de prensa, contra el derecho burgués, contra la libertad y la igualdad burguesas y de predicar a las masas populares que ellas no tenían nada que ganar, y que más bien perderían todo en este movimiento burgués. El socialismo alemán olvidó —muy a propósito— que la crítica francesa, de la cual era un simple eco insípido, presuponía la sociedad burguesa moderna, con las correspondientes condiciones materiales de vida y una constitución política adecuada, es decir, precisamente las premisas que todavía se trataban de conquistar en Alemania.

Para los gobiernos absolutos de Alemania, con su séquito de clérigos, de mentores, de hidalgos rústicos y de burócratas, este socialismo se convirtió en un espantajo propicio contra la burguesía que se levantaba amenazadora. Formó el complemento dulzarrón de los amargos latigazos y tiros con que esos mismos gobiernos respondían a los alzamientos de los obreros alemanes.

Si el "verdadero" socialismo se convirtió, de este modo, en un arma en manos de los gobiernos contra la burguesía alemana, representaba además, directamente, un interés reaccionario, el interés del pequeño burgués alemán.

La pequeña burguesía, legada por el siglo XVI, y desde entonces renacida sin cesar bajo diversas formas, constituye para Alemania la verdadera base social del orden establecido.

Mantenerla es conservar en Alemania el orden establecido. La supremacía industrial y política de la burguesía le amenaza con una muerte cierta: por una parte, dada la concentración de los capitales, y por otra parte, dado el desarrollo de un proletariado revolucionario. A la pequeña burguesía le pareció que el "verdadero" socialismo podía matar los dos pájaros de un tiro. Y éste se propagó como una epidemia.

Tejido con los hilos de araña de la especulación, bordado de flores retóricas y bañado por un rocío sentimental, ese ropaje fantástico en que los socialistas alemanes envolvieron sus tres o cuatro descarnadas "verdades eternas", no hizo sino aumentar la demanda de su mercancía entre semejante público. Por su parte, el socialismo alemán comprendió cada vez mejor que estaba llamado a ser el representante pomposo de esta pequeña burguesía.

Proclamó que la nación alemana era la nación modelo y el mesócrata alemán el hombre modelo. A todas las infamias de este hombre modelo les dio un sentido oculto, un sentido superior y socialista, contrario a la realidad. Fue consecuente hasta el fin, manifestándose de un modo abierto contra la tendencia "brutalmente destructiva" del comunismo y declarando su imparcial elevación por encima de todas las luchas de clases. Salvo muy raras excepciones, todas las obras llamadas socialistas que circulan en Alemania, pertenecen a esta inmunda y enervante literatura.[19]

## El socialismo conservador o burgués

Una parte de la burguesía desea remediar los males sociales con el fin de consolidar la sociedad burguesa.

A esta categoría pertenecen los economistas, los filántropos, los humanitarios, los que pretenden mejorar la suerte de las clases trabajadoras, los organizadores de la beneficencia, los protectores de animales, los fundadores de las sociedades de templanza, los reformadores domésticos de toda laya. Y hasta se ha llegado a elaborar este socialismo burgués en sistemas completos.

Citemos como ejemplo la *Filosofía de la Miseria*, de Proudhon. Los burgueses socialistas quieren perpetuar las condiciones de vida de la sociedad moderna, sin las luchas y los peligros que surgen fatalmente de ellas. Quieren la sociedad actual sin los elementos que la revolucionan y descomponen. Quieren la burguesía sin el proletariado. La burguesía, como es natural, se representa el mundo en que ella domina como el mejor de los mundos. El socialismo burgués hace de esta representación consoladora un sistema más o menos completo. Cuando invita al proletariado a llevar a la práctica su sistema y a entrar en la nueva Jerusalén, no hace otra cosa, en el fondo, que inducirle a continuar en la sociedad actual, pero despojándose de la concepción odiosa que se ha formado de ella.

Otra forma de este socialismo, menos sistemática, pero más práctica, intenta apartar a los obreros de todo movimiento revolucionario, demostrándoles que no es tal o cual cambio político el que podrá beneficiarles, sino solamente una transformación de las condiciones materiales de vida, de las relaciones económicas. Pero, por transformación de las condiciones materiales de vida, este socialismo no entiende, en modo alguno, la abolición de las relaciones de producción bur-guesas —lo que no es posible más que por vía revolucionaria—, sino únicamente reformas administrativas realizadas sobre la base de las mismas relaciones de producción burguesas, y que, por tanto, no afectan a las relaciones entre el capital y el trabajo asalariado, sirviendo exclusivamente, en el mejor de los casos, para reducirle a la burguesía los gastos que requiere su dominio y para simplificarle la administración de su Estado.

El socialismo burgués no alcanza su expresión adecuada sino cuando se convierte en simple figura retórica.

¡Libre cambio, en interés de la clase obrera! ¡Aranceles protectores, en interés de la clase obrera! ¡Prisiones celulares, en interés de la clase obrera! He aquí la última palabra del socialismo burgués, la única, que ha dicho seriamente. El socialismo burgués se resume, en esencia, en esta afirmación: los burgueses son burgueses en interés de la clase obrera.

### El socialismo y el comunismo crítico utópicos

No se trata aquí de la literatura que en todas las grandes revoluciones modernas ha formulado las reivindicaciones del proletariado (los escritos de Babeuf, etcétera).

Las primeras tentativas directas del proletariado para hacer prevalecer sus propios intereses de clase, realizadas en tiempos de efervescencia general, en el período del derrumbamiento de la sociedad feudal, fracasaron necesariamente, tanto por el débil desarrollo del mismo proletariado, como por la ausencia de las condiciones materiales de su emancipación, condiciones que surgen sólo como producto de la época burguesa. La literatura revolucionaria que acompaña a estos primeros movimientos del proletariado, es, forzosamente, por su contenido, reaccionaria. Preconiza un ascetismo general y un burdo igualitarismo.

Los sistemas socialistas y comunistas propiamente dichos, los sistemas de Saint-Simón, de Fourier, de Owen, etc., hacen su aparición en el período inicial y rudimentario de la lucha entre el proletariado y la burguesía, período descrito anteriormente. (Véase "Burgueses y proletarios".)

Los inventores de estos sistemas, por cierto, se dan cuenta del antagonismo de las clases, así como de la acción de los elementos destructores dentro de la misma sociedad dominante. Pero no advierten del lado del proletariado ninguna iniciativa histórica, ningún movimiento político propio. Como el desarrollo del antagonismo de clases va a la par con el desarrollo de la industria, ellos tampoco pueden encontrar las condiciones materiales de la emancipación del proletariado, y se lanzan en busca de una ciencia social, de unas leyes sociales que permitan crear esas condiciones.

En lugar de la acción social tienen que poner la acción de su propio ingenio; en lugar de las condiciones históricas de la emancipación, condiciones fantásticas; en lugar de la organización gradual del proletariado en clase, una organización de la sociedad inventada por ellos. La futura historia del mundo se reduce, para ellos, a la propaganda y la ejecución práctica de sus planes sociales.

En la confección de sus planes tienen conciencia, por cierto, de defender ante todo los intereses de la clase obrera, por ser la clase que más sufre. El proletariado no existe para ellos sino bajo el aspecto de la clase que más padece. Pero la forma rudimentaria de la lucha de clases, así como su propia posición social, les lleva a considerarse muy por encima de todo antagonismo de clase. Desean mejorar las condiciones de vida de todos los miembros de la sociedad, incluso de los más privilegiados. Por eso, no cesan de apelar a toda la sociedad sin distinción; incluso se dirigen con preferencia a la clase dominante. Porque basta con comprender su sistema, para reconocer que es el mejor de todos los planes posibles de la mejor de todas las sociedades posibles.

Repudian, por eso, toda acción política y, en particular, toda acción revolucionaria; se proponen alcanzar su objetivo por medios pacíficos, intentando abrir camino al nuevo evangelio social valiéndose de la fuerza del ejemplo, por medio de pequeños experimentos, que, naturalmente, fracasan siempre.

Estas fantásticas descripciones de la sociedad futura, que surgen en una época en que el proletariado, todavía muy poco desarrollado, considera aún su propia situación de una manera también fantástica, provienen de las primeras aspiraciones de los obreros, llenas de profundo presentimiento, hacia una completa transformación de la sociedad.

Mas, estas obras socialistas y comunistas encierran también elementos críticos. Atacan todas las bases de la sociedad existente. De este modo, han proporcionado materiales de un gran valor para instruir a los obreros. Sus tesis positivas referentes a la sociedad futura, tales como la supresión del contraste entre la ciudad y el campo,[20] la abolición de la familia, de la ganancia privada y del trabajo asalariado, la proclamación de la armonía social y la transformación del Estado en una simple administración de la producción; todas estas tesis no hacen sino enunciar la eliminación del antagonismo de las clases, antagonismo que comienza solamente a perfilarse y del que los inventores de sistemas no conocen sino las primeras formas indistintas y confusas. Así, estas tesis tampoco tienen más que un sentido puramente utópico.

La importancia del socialismo y del comunismo crítico-utópicos, está en razón inversa al desarrollo histórico. A medida que la lucha de clases se acentúa y toma formas más definidas, el fantástico afán de ponerse por encima de ella, esa fantástica oposición que se le hace, pierde todo valor práctico, toda justificación teórica. He ahí por qué si en muchos aspectos los autores de esos sistemas eran revolucionarios, las sectas formadas por sus discípulos son siempre reaccionarias, pues se aferran a las viejas concepciones de sus maestros, a pesar del ulterior desarrollo histórico del proletariado. Buscan, pues, y en eso son consecuentes, embotar la lucha de clases y conciliar los antagonismos. Continúan soñando con la experimentación de sus utopías sociales; con establecer falansterios aislados, crear *home-colonies* en sus países o fundar una pequeña Icaria,[21] edición en dozavo de la nueva Jerusalén.

Y para la construcción de todos estos castillos en el aire se ven forzados a apelar a la filantropía de los corazones y de los bolsillos burgueses. Poco a poco van cayendo en la categoría de los socialistas reaccionarios o conservadores, descritos con anterioridad, y sólo se distinguen de ellos por una pedantería más sistemática, y una fe supersticiosa y fanática en la eficacia milagrosa de su ciencia social.

Por eso se oponen con encarnizamiento a todo movimiento político de la clase obrera, pues no ven en él sino el resultado de una ciega falta de fe en el nuevo evangelio.

Los owenistas, en Inglaterra, reaccionan contra los cartistas, y los fourieristas, en Francia, contra los reformistas.

## IV. ACTITUD DE LOS COMUNISTAS RESPECTO DE LOS DIFERENTES PARTIDOS DE OPOSICIÓN

Después de lo dicho en el Capítulo II, la actitud de los comunistas respecto de los partidos obreros ya constituidos se explica por sí misma, y, por tanto, su actitud con respecto a los cartistas de Inglaterra y los partidarios de la reforma agraria en América del Norte.

Los comunistas luchan por alcanzar los objetivos e intereses inmediatos de la clase obrera; pero, al mismo tiempo, defienden también, dentro del movimiento actual, el porvenir de ese movimiento. En Francia, los comunistas se suman al Partido Socialista Democrático,[22] contra la burguesía conservadora y radical, sin renunciar, sin embargo, al derecho de criticar las ilusiones y los tópicos legados por la tradición revolucionaria.

En Suiza, apoyan a los radicales, sin desconocer que este partido se compone de elementos contradictorios —en parte, de socialistas democráticos, al estilo francés, y, en parte, de burgueses radicales.

Entre los polacos, los comunistas apoyan al partido que ve en una revolución agraria la condición de la liberación nacional; es decir, al partido que provocó, en 1846, la insurrección de Cracovia.

En Alemania, el Partido Comunista lucha al lado de la burguesía, en tanto que ésta actúa revolucionariamente contra la monarquía absoluta, la propiedad territorial feudal y la pequeña burguesía reaccionaria.

Pero jamás, en ningún momento, se olvida este partido de inculcar a los obreros la más clara conciencia del antagonismo hostil que existe entre la burguesía y el proletariado, a fin de que los obreros alemanes sepan convertir, de inmediato, las condiciones sociales y políticas que, forzosamente, ha de traer consigo la dominación burguesa en otras tantas armas contra la burguesía, a fin de que, tan pronto sean derrocadas las clases reaccionarias en Alemania, comience inmediatamente la lucha contra la misma burguesía.

Los comunistas fijan su principal atención en Alemania, porque Alemania se halla en vísperas de una revolución burguesa, y porque llevará a cabo esta revolución bajo condiciones más progresivas de la civilización europea, en general, y con un proletariado mucho más desarrollado que el de Inglaterra en el siglo XVII y el de Francia en el siglo XVIII. Por tanto, la revolución burguesa alemana no podrá ser sino el preludio inmediato de una revolución proletaria. En resumen, los comunistas apoyan por doquier todo movimiento revolucionario contra el régimen social y político existente.

En todos estos movimientos ponen, en primer término, como cuestión fundamental del movimiento, la tesis de la propiedad, cualquiera que sea la forma, más o menos desarrollada, que ésta revista. En fin, los comunistas trabajan en todas partes por la unión y el acuerdo entre los partidos democráticos de todos los países.

Los comunistas consideran indigno ocultar sus ideas y propósitos. Proclaman abiertamente que sus objetivos sólo pueden ser alcanzados derrocando por la violencia todo el orden social existente. Las clases dominantes pueden temblar ante una revolución comunista. Los proletarios no tienen nada que perder en ella, más que sus cadenas. Tienen, en cambio, un mundo que ganar.

¡PROLETARIOS DE TODOS LOS PAÍSES, UNÍOS!

---

1. Republicanos burgueses de aquella época. Destacados escritores y hombres políticos de esta tendencia como por ejemplo Marrás, luchaban contra el socialismo y el comunismo. (N. del E.)

2. Por burguesía se comprende a la clase de los capitalistas modernos, que son los propietarios de los medios de producción social y emplean trabajo asalariado. Por proletarios se comprende a la clase de los trabajadores asalariados modernos, que, privados de medios de producción propios, se ven obligados a vender su fuerza de trabajo para poder existir. (Nota de F. Engels a la edición inglesa de 1888.)

3. Es decir, la historia escrita. En 1847, la historia de la organización social

que precedió a toda la historia escrita, la prehistoria, era casi desconocida. Posteriormente, Haxthausen ha descubierto en Rusia la propiedad comunal de la tierra; Maure ha demostrado que ésta fue la base social de la que partieron históricamente todas las tribus germanas, y se ha ido descubriendo poco a poco que la comunidad rural, con la posesión colectiva de la tierra, ha sido la forma primitiva de la sociedad, desde la India, hasta Irlanda. La organización interna de esa sociedad comunista primitiva ha sido puesta en claro, en lo que tiene de típico, con el culminante descubrimiento hecho por Morgan de la verdadera naturaleza de la gens y de su lugar en la tribu. Con la desintegración de estas comunidades primitivas comenzó la diferenciación de la sociedad en clases distintas y, finalmente, antagónicas. He intentado analizar este proceso en la obra *"Der Ursprung des Familie, des Privateigentums und des Staats"* ( *"El origen de la familia, la propiedad privada y el Estado"*), 2. ed. Stuttgart, 1886. (Nota de F. Engels a la edición inglesa de 1888.)

4. Zunftbürger, esto es, miembro de un gremio con todos los derechos, maestro del mismo, y no su dirigente. (Nota de F. Engels a la edición inglesa de 1888.[4]) Comunas se llamaban en Francia las ciudades nacientes, todavía antes de arrancar a sus amos y señores feudales la autonomía local, y los derechos políticos como "tercer estado". En términos generales, se ha tomado aquí a Inglaterra como país típico del desarrollo económico de la burguesía, y a Francia como país típico de su desarrollo político. (Nota de F. Engels a la edición inglesa de 1888.)

5. Así denominaban los habitantes de las ciudades de Italia y Francia a sus comunidades urbanas, una vez comprados o arrancados a sus señores feudales los primeros derechos de autonomía (Nota de F. Engels a la edición alemana de 1890.)

6. En la edición inglesa de 1888, redactada por Engels, a las palabras *"República urbana independiente"* se ha añadido *"(Como en Italia y en Alemania)"*, y a las palabras *"tercer estado tributario de la monarquía"*, las palabras *"(como en Francia)"*. (N. del E.)

7. En la edición inglesa de 1888, después de la palabra *"coaliciones"* ha sido añadido *'(sindicatos)'*. (N. del E.)

8. En la edición inglesa de 1888, en lugar de *"elementos de su propia educación"* dice *"elementos de su propia educación política y general"*. (N. del E.)

9. En la edición inglesa de 1888, en lugar de *"especiales"* dice *"sectarios"*. (N. del E.)

10. En la edición inglesa de 1888, en lugar de *"que siempre impulsa adelante"* dice *"más avanzado"*. (N. del E.)

11. En la edición inglesa de 1888, en lugar de "*La explotación de los unos por los otros*" dice "*la explotación de la mayoría por la minoría*". (N. del E.)

12. En la edición inglesa de 1888, en lugar de "*elevarse a la condición de clase nacional*" dice "*elevarse a la condición de clase dirigente de la nación*". (N. del E.)

13. En la edición inglesa de 1888, después de las palabras "*sobrepasarán a sí mismas*", ha sido añadido "*se hará necesario continuar los ataques al viejo régimen social*". (N. del E.)

14. En la edición de 1848 se decía: "*la oposición entre la ciudad y el campo*". En la edición de 1872 y en las ediciones alemanas posteriores, la palabra "*oposición*" fue sustituida por la palabra "*diferencias*". En la edición inglesa de 1888, en lugar de las palabras "*contribución a la desaparición gradual de las diferencias entre la ciudad y el campo*", decía "*desaparición gradual de las diferencias entre la ciudad y el campo mediante una distribución más uniforme de la población por el país*".

15. No se trata aquí de la Restauración inglesa de 1660-1689, sino de la francesa de 1814-1830. (Nota de F. Engels a la edición inglesa de 1888.)

16. En la edición inglesa de 1888, después de "*los frutos de oro*" se ha añadido "*del árbol de la industria*". (N. del E.)

17. Esto se refiere, en primer término, a Alemania, donde los terratenientes aristócratas y los "*junkers*" cultivan por cuenta propia gran parte de sus tierras con ayuda de administradores y poseen, además, grandes fábricas de azúcar de remolacha y destilerías de alcohol. Los más acaudalados aristócratas británicos todavía no han llegado a tanto; pero también ellos saben cómo pueden compensar la disminución de la renta, cediendo sus nombres a los fundadores de toda clase de sociedades anónimas de reputación más o menos dudosa. (Nota de F. Engels a la edición inglesa de 1888.)

18. En la edición inglesa de 1888, este último párrafo dice así: "*Finalmente, cuando hechos históricos irrefutables desvanecieron todos los efectos embriagadores de las falsas ilusiones, esta forma de socialismo acabó en un miserable abatimiento.*" (N. del E.)

19. La tormenta revolucionaria de 1848 barrió esta miserable escuela y ha quitado a sus partidarios todo deseo de seguir especulando con el socialismo. El principal representante y el tipo clásico de esta escuela es el señor Karl Grün. (Nota de F. Engels a la edición alemana de 1890.)

20. En la edición inglesa de 1888, esta frase ha sido redactada de la manera siguiente: "*Las medidas prácticas propuestas por ellos, tales como la desaparición del contraste entre la ciudad y el campo.*" (N. del E.)

21. Falansterios se llamaban las colonias socialistas proyectadas por Carlos Fourier; Icaria era el nombre dado por Cabet a su país utópico y más tarde a su colonia comunista en América. (Nota de F. Engels a la edición inglesa de 1888.) Owen llamó a sus sociedades comunistas modelo *"home-colonies"* (colonias interiores). El falansterio era el nombre de los palacios sociales proyectados por Fourier. Llamábase Icaria el país fantástico-utópico, cuyas instituciones comunistas describía Cabet. (Nota de F. Engels a la edición alemana de 1890.)

22. En aquel entonces, este partido estaba representado en el parlamento por Ledru-Rollin, en la literatura por Luis Blanc y en la prensa diaria por *La Reforme*. El nombre de Socialista Democrático significaba, en boca de sus inventores, la parte del Partido Democrático o Republicano que tenía un matiz más o menos socialista (Nota de F. Engels a la edición inglesa de 1888.) Lo que se llamaba entonces —en Francia— el Partido Socialista Democrático, estaba representado, en política, por Ledru-Rollin y, en literatura, por Luis Blanc; hallábase, pues, a cien mil leguas de la socialdemocracia alemana de nuestro tiempo. (Nota de F. Engels a la edición alemana de 1890.)

**reforma o revolución**

ROSA LUXEMBURGO

Escrito como una crítica al revisionismo de Eduard Bernstein sobre el marxismo clásico, este ensayo apareció como una serie de artículos en septiembre de 1898 y abril de 1899. Bernstein (1850-1932) era una figura importante en el Movimiento Socialista Alemán, que fue llamado por Engels como el más fiel ejecutor del marxismo. Después de la muerte de Engels —especialmente en una serie de ensayos publicados durante el periodo entre 1896 y 1898 bajo el título de *Problemas del socialismo*— Bernstein llamó a cuestionar muchos conceptos del marxismo, a la luz de una sugestionada estabilidad del capitalismo y el crecimiento de la social democracia. La teoría de Bernstein luego fue publicada en formato de libro como *Socialismo evolutivo*.

La primera edición en libro de *Reforma y o revolución* de Rosa Luxemburgo fue publicada en 1899. Una segunda edición revisada —con correcciones hechas por la propia Rosa Luxemburgo— fue publicada en 1908.

# INTRODUCCIÓN

A PRIMERA VISTA, el título de esta obra puede resultar sorprendente: *Reforma o revolución*. ¿Puede la socialdemocracia estar en *contra* de las reformas? ¿Puede considerar como *opuestos* la revolución social, la transformación del orden establecido, su fin último, y las reformas sociales? Por supuesto que no. Para la socialdemocracia, la lucha cotidiana para conseguir instituciones democráticas y reformas sociales que mejoren, aun dentro del orden existente, la situación de los trabajadores constituye el único camino para orientar la lucha de clases proletaria y para trabajar por el fin último: la conquista del poder político y la abolición del sistema de trabajo asalariado. Para la socialdemocracia, existe un vínculo indisoluble entre reforma y revolución: la lucha por las reformas sociales es el *medio*, mientras que la lucha por la revolución social es el *fin*.

Eduard Bernstein fue el primero en contraponer estos dos aspectos del movimiento obrero, en sus artículos "Problemas del socialismo", en *Neue Zeit* (1897-1898), y, especialmente, en su libro *Las premisas del socialismo y las tareas de la socialdemocracia*. Toda su teoría se reduce, en la práctica, al consejo de abandonar la revolución social, el fin último de la socialdemocracia, y convertir las reformas sociales de *medio* de la lucha de clases en *fin* de la misma. El propio Bernstein ha formulado del modo más exacto e incisivo sus opiniones al escribir: "El objetivo último, sea cual sea, no es nada; el movimiento lo es todo.

Pero, el fin último socialista es el único aspecto decisivo que diferencia al movimiento socialdemócrata de la democracia burguesa y del radicalismo burgués, es lo único que transforma el movimiento obrero, de chapuza inútil para salvar el orden capitalista en lucha de clases *contra* ese orden y para conseguir su abolición; de este modo, la cuestión *reforma o revolución* en el sentido bernsteiniano se convierte, para la socialdemocracia, en una cuestión de *ser o no ser*. Es preciso que todo el mundo en el partido vea con claridad que el debate con Bernstein y sus partidarios, no es sobre una u otra forma de lucha, o sobre una u otra táctica, sino que está en juego la *existencia* misma del movimiento socialdemócrata.

[En una consideración superficial de la teoría de Bernstein, esto puede parecer una exageración. ¿Acaso no habla Bernstein a cada paso de la socialdemocracia y de sus objetivos? ¿Acaso no repite de continuo y explícitamente que también él lucha, aunque de otra forma, por el objetivo último del socialismo? ¿Acaso no señala con insistencia que acepta, casi en su totalidad, la actual práctica de la socialdemocracia? Todo esto es cierto, desde luego. Pero también lo es que, desde siempre, todo nuevo movimiento se basa, para elaborar su teoría y su política, en el movimiento precedente, aunque la esencia del nuevo esté en contradicción directa con la del antiguo. Todo nuevo movimiento comienza adaptándose a las formas que ha encontrado de antemano y habla el lenguaje que se hablaba antes de él. Solamente con el paso del tiempo el nuevo germen sale de la vieja cáscara, y la nueva corriente encuentra su forma y lenguaje propios.]

[Esperar de una oposición al socialismo científico, que exprese claramente, desde los primeros momentos y hasta las últimas consecuencias, su esencia *rechazando* abierta y tajantemente los fundamentos teóricos de la socialdemocracia, equivale a minusvalorar el poder del socialismo científico. Quien quiera pasar hoy por socialista y, al mismo tiempo, busque declarar la guerra a la doctrina marxista, el más genial producto del espíritu humano en este siglo, debe comenzar con un homenaje inconsciente al propio marxismo: confesándose discípulo de la doctrina, con vistas a buscar en ella puntos de apoyo para atacarla, al tiempo que presenta sus ataques como un nuevo desarrollo del marxismo. Por este motivo, es una necesidad urgente que amplias capas del proletariado industrial de nuestro partido identifiquen la esencia de la teoría de Bernstein, sin dejarse engañar por las formas exteriores.]

[No hay insulto más grosero o calumnia más infame contra la clase obrera que la afirmación de que las controversias teóricas son sólo una cuestión para "académicos". Ya Lassalle[1] dijo que únicamente cuando la ciencia y los trabajadores, esos polos opuestos de la sociedad, lleguen a ser uno, destruirán entre sus potentes brazos todos los obstáculos a la cultura. *Toda la fuerza del movimiento obrero moderno descansa sobre el conocimiento teórico.*]

Este conocimiento teórico es doblemente importante para los obreros en el caso que nos ocupa, porque, precisamente, se trata de ellos mismos y de su influencia en el movimiento; es su cabeza a la que se pone precio en esta ocasión. La corriente oportunista en el partido, formulada teóricamente por Bernstein, no es otra cosa que un intento inconsciente de garantizar la preponderancia de los elementos pequeño-burgueses que se han unido al partido, esto es, amoldar la política y los objetivos del partido al espíritu pequeño-burgués. La cuestión de reforma o revolución, del movimiento o el objetivo último, es, en esencia, la cuestión del *carácter pequeño-burgués o proletario del movimiento obrero.*

[Por este motivo, es de interés para la base proletaria del partido ocuparse, con la mayor dedicación y profundidad, de la controversia teórica actual con el oportunismo. Mientras el conocimiento teórico siga siendo el privilegio de un puñado de "académicos", el partido correrá el riesgo de extraviarse. Únicamente, cuando las amplias masas trabajadoras empuñen el arma afilada y eficaz del socialismo científico, habrán naufragado todas las inclinaciones pequeño-burguesas, todas las corrientes oportunistas. Entonces, será cuando el movimiento se asiente sobre bases firmes. "La cantidad lo conseguirá."][2]

*Rosa Luxemburgo*
*Berlín, 18 de abril de 1899*

## PRIMERA PARTE: EL MÉTODO OPORTUNISTA

Si se acepta que las teorías son la imagen de los fenómenos del mundo exterior en el cerebro de los hombres, a la vista de la teoría de Eduard Bernstein, habría que añadir, en todo caso: aunque a veces son imágenes invertidas. Es la suya una teoría sobre la implantación del socialismo mediante reformas sociales, formulada después del completo estancamiento de la reforma social alemana;[3] una teoría del control del proceso de producción enunciada después de la derrota de los metalúrgicos ingleses; una teoría de ganar la mayoría parlamentaria expresada tras la reforma constitucional de Sajonia y los atentados contra el derecho de sufragio universal.[4] Sin embargo, el aspecto central de las tesis de Bernstein no es, a nuestro juicio, su concepción de las tareas prácticas de la socialdemocracia, sino lo que dice acerca del desarrollo objetivo de la sociedad capitalista, que se encuentra en estrecho contacto con dicha concepción.

Según Bernstein, el desarrollo del capitalismo hace cada vez más improbable su hundimiento general, debido a que, por una parte, el sistema capitalista muestra cada vez mayor capacidad de adaptación y, por otra parte, la producción se diversifica cada día más.

1. La capacidad de adaptación del capitalismo se manifiesta, según Bernstein, en lo siguiente:

2. La desaparición de las *crisis* generales, gracias al desarrollo del sistema crediticio, las alianzas empresariales, y el avance de los medios de transporte y de comunicación.

3. La resistencia demostrada por las clases medias, como consecuencia de la creciente diferenciación de las ramas de la producción y del ascenso de amplias capas del proletariado a las clases medias.

4. Finalmente, la mejora de la situación económica y política del proletariado, como resultado de la lucha sindical.

La conclusión de todo esto es que la socialdemocracia ya no debe orientar su actividad cotidiana a la conquista del poder político, sino a la mejora de las condiciones de la clase obrera dentro del orden existente. La implantación del socialismo no sería consecuencia de una crisis social y política, sino de la paulatina ampliación de los controles sociales y de la gradual aplicación de los principios cooperativistas.

El propio Bernstein no ve nada nuevo en sus proposiciones; al contrario, cree que coinciden, tanto con determinadas observaciones de Marx y Engels, como con la orientación general de la socialdemocracia hasta el presente. En nuestra opinión —en cambio— es difícil negar que las concepciones de Bernstein, en realidad, contradicen abiertamente las tesis del socialismo científico. Si el revisionismo bernsteiniano se redujera a afirmar que el proceso de desarrollo capitalista es más lento de lo que se pensaba, ello no implicaría más que un aplazamiento de la conquista del poder político por parte del proletariado, en lo que todo el mundo estaba de acuerdo hasta ahora. Su única consecuencia sería un ritmo más lento de la lucha.

Pero no es éste el caso. Bernstein no cuestiona la rapidez del desarrollo capitalista, sino el desarrollo mismo y, en consecuencia, la posibilidad misma de la transición al socialismo.

La teoría socialista mantuvo, hasta ahora, que el punto de partida para la transformación socialista sería una crisis general y catastrófica, perspectiva en la que hay que diferenciar dos aspectos: la idea fundamental y su forma externa. La idea fundamental es que el capitalismo, víctima de sus propias contradicciones internas, llegará a desequilibrarse, a hacerse imposible. Había buenas razones para pensar que esa coyuntura se daría en la forma de una crisis comercial general y estremecedora, aunque esto es de importancia secundaria a la hora de considerar la idea fundamental.

La justificación científica del socialismo reside, en lo principal, como es bien sabido, en *tres* consecuencias del desarrollo capitalista. En primer lugar, y ante todo, la *anarquía* creciente de la economía capitalista, que convierte su decadencia en inevitable. En segundo lugar, la progresiva *socialización* del proceso de producción, que da lugar al germen del futuro orden social. Y en tercer lugar, la *organización y la conciencia de clase* crecientes del proletariado, que constituyen el factor activo de la revolución venidera.

Bernstein, al afirmar que el desarrollo capitalista no se aproxima a una crisis económica general, niega el *primero* de estos pilares del socialismo científico.

No rechaza una forma concreta de hundimiento, sino el propio hundimiento. Bernstein dice explícitamente: "Podría argumentarse que cuando se habla del hundimiento de la sociedad actual se está pensando en algo más que una crisis económica general y más fuerte que las anteriores, esto es, se está pensando en una quiebra total del sistema capitalista, a resultas de sus propias contradicciones." A lo cual contesta él mismo: "Con el creciente desarrollo de la sociedad, un hundimiento simultáneo y cercano del actual sistema de producción no es más probable, sino más improbable, porque el desarrollo capitalista aumenta, por un lado, la capacidad de adaptación de la industria y, por otro, o al mismo tiempo, su diferenciación."[5]

Surge aquí la gran cuestión: ¿Por qué y cómo, en este caso, llegamos a nuestro objetivo último? Desde el punto de vista del socialismo científico, la necesidad histórica de la revolución socialista se manifiesta, sobre todo, en la anarquía creciente del capitalismo, que lo conduce a un callejón sin salida. Pero, si se admite la tesis de Bernstein de que el desarrollo capitalista no lo encamina hacia su propio hundimiento, entonces el socialismo deja de ser *objetivamente necesario*. Por tanto, sólo restan los otros dos pilares de los fundamentos científicos del socialismo: la socialización del proceso de producción y la conciencia de clase del proletariado. A esto se refiere, asimismo, Bernstein al decir: "La eliminación de la teoría del hundimiento en absoluto priva a la doctrina socialista de su poder de convicción, puesto que, pensado con más detenimiento, ¿qué son en realidad todos los factores de eliminación o modificación de las antiguas crisis que hemos mencionado? No otra cosa que las premisas, e incluso en parte el germen, de la socialización de la producción y la distribución."[6]

Sin embargo, una breve reflexión permite darse cuenta de la falacia de esta conclusión. ¿Cuál es la importancia de los fenómenos —los cárteles, el crédito, el desarrollo de los medios de transporte, la mejora de la situación de la clase obrera, etc.— que Bernstein cita como medios de la adaptación capitalista? Evidentemente, que eliminan o, al menos, atenúan las contradicciones internas de la economía capitalista, frenan el desarrollo o la agudización de dichas contradicciones. De este modo, la eliminación de las crisis sólo puede significar la eliminación de la contradicción entre producción y distribución en el sistema capitalista. Y la mejora de la situación de la clase obrera, o la integración de ciertos sectores de la misma en las capas medias, sólo puede significar la atenuación del antagonismo entre capital y trabajo. Ahora bien, si los fenómenos antes mencionados eliminan las contradicciones del capitalismo y, por consiguiente, evitan el hundimiento del sistema, si permiten que el capitalismo se sostenga —por eso Bernstein los llama "medios de adaptación"—, ¿cómo pueden los cárteles, el crédito, los sindicatos, etc., ser, al mismo tiempo, "las premisas e incluso en parte el germen" del socialismo? Evidentemente, tan sólo en el sentido de que ponen más claramente de manifiesto el carácter social de la producción.

Pero, dado que se conservan en su forma *capitalista,* convierten en superflua la transformación de esa producción socializada en producción socialista. Por ello, sólo pueden ser el germen o las premisas del orden socialista en un sentido conceptual, pero no en un sentido histórico. Es decir, son fenómenos que, a la luz de nuestra concepción del socialismo, *sabemos* que están relacionadas con éste, pero que, en realidad, no conducen a la revolución socialista, sino que la hacen superflua.

Como único fundamento del socialismo nos queda, por tanto, la conciencia de clase del proletariado. Pero, en este caso, ya no es el simple reflejo intelectual de las cada vez más agudas contradicciones del capitalismo y su próximo hundimiento —que será evitado por los medios de adaptación—, sino un mero ideal, cuyo poder de convicción reside en la perfección que se le atribuye. En pocas palabras, lo que aquí tenemos es una justificación del programa socialista a través de la "razón pura", es decir, una explicación idealista del socialismo, que elimina la necesidad objetiva del mismo como resultado del desarrollo material de la sociedad.

La teoría revisionista se enfrenta a un dilema: O bien la transformación socialista es, como se admitía hasta ahora, la consecuencia de las contradicciones internas del capitalismo, que se agudizarán con el desarrollo capitalista, rematando inevitablemente, en un momento dado, en su hundimiento — siendo entonces inútiles los "medios de adaptación" y correcta la teoría del hundimiento—, o bien los "medios de adaptación" evitarán realmente el hundimiento del sistema capitalista y, de ese modo, permitirán que éste, al superar sus propias contradicciones, se mantenga, con lo cual el *socialismo* deja de ser una necesidad histórica y pasa a ser lo que sea, excepto el resultado del desarrollo material de la sociedad.

Este dilema lleva a otro: O el revisionismo tiene razón en lo relativo al desarrollo capitalista, y, por tanto, la transformación socialista de la sociedad es una utopía, o el socialismo no es una utopía, y entonces la teoría de los "medios de adaptación" es falsa. En resumidas cuentas, *ésta es la cuestión*.

## La Adaptación del Capitalismo

Según Bernstein, los medios más importantes que posibilitan la adaptación de la economía capitalista son el crédito, los avanzados medios de transporte y comunicación, y los cárteles empresariales.

El *crédito* cumple diversas funciones en la economía capitalista, siendo las más importantes la expansión de la producción y la facilitación del intercambio. Cuando la tendencia inherente a la producción capitalista a expandirse ilimitadamente, choca con los límites de la propiedad privada o con las restringidas dimensiones del capital privado, el crédito aparece como el medio de superar, de modo capitalista, esos obstáculos. El crédito fusiona en uno solo muchos capitales privados (sociedades por acciones) y permite que cualquier capitalista disponga del capital de otros (crédito industrial). Como crédito comercial, acelera el intercambio de mercancías, es decir, el retorno del capital a la producción, ayudando así a todo el ciclo del proceso productivo. Es fácil comprender la influencia que estas dos funciones principales del crédito tienen sobre la formación de las crisis. Si bien es verdad que las crisis surgen de la contradicción entre la capacidad de expansión —la tendencia al aumento de la producción— y la limitada capacidad de consumo, el crédito es precisamente, a la vista de lo dicho antes, el medio de conseguir que esa contradicción estalle con la mayor frecuencia posible. Para empezar, incrementa desproporcionadamente la capacidad de expansión, convirtiéndose así en el motor interno que constantemente empuja a la producción a rebasar los límites del mercado. Pero el crédito es un arma de dos filos: primero, como factor del proceso productivo, origina la sobreproducción; y, después, como factor del intercambio de mercancías, destruye, durante las crisis, las fuerzas productivas que él mismo creó. A las primeras señales de estancamiento, el crédito se contrae y abandona el intercambio, precisamente, cuando a éste más indispensable le sería; y allí donde todavía subsiste, resulta inútil e ineficaz. Y reduce al mínimo la capacidad de consumo del mercado.

Además de estos dos resultados principales, el crédito también influye de otras maneras en la formación de las crisis: constituye el medio técnico para hacer accesible a un capitalista los capitales ajenos, y es un acicate para el empleo audaz y sin escrúpulos de la propiedad ajena, o sea, para la especulación. Como medio alevoso de intercambio mercantil, el crédito no sólo agrava las crisis, también facilita su aparición y expansión, al transformar todo el intercambio en un mecanismo en extremo complejo y artificial, que es fácilmente perturbado a la menor ocasión, dada la escasa cantidad de dinero en metálico sobre la que se sustenta.

Por tanto, lejos de ser un instrumento de eliminación o atenuación de las crisis, es un factor especialmente poderoso para la formación de las mismas. Y no puede ser de otro modo si pensamos que la función del crédito, en términos generales, es eliminar las rigideces de las relaciones capitalistas e imponer por doquier la mayor elasticidad posible, a fin de hacer a todas las fuerzas capitalistas lo más flexibles, relativas y mutuamente sensibles que se pueda. Con esto, el crédito facilita y agrava las crisis, que no son otra cosa que el choque periódico de las fuerzas contradictorias de la economía capitalista.

Esto nos lleva a otra cuestión: ¿Cómo es posible que el crédito aparezca, en general, como un "medio de adaptación" del capitalismo? Al margen de cómo se conciba, esta "adaptación" sólo puede consistir en la capacidad para eliminar cualquiera de las relaciones contrapuestas de la economía capitalista, es decir, para eliminar o debilitar alguna de sus contradicciones, proporcionando así campo libre, en un momento u otro, a las otrora fuerzas reprimidas. De hecho, es el crédito, precisamente, el que agrava al máximo las contradicciones de la economía capitalista actual. Agudiza la contradicción entre el *modo de producción* y el *modo de distribución*, dado que intensifica al máximo la producción, pero paraliza el intercambio al menor pretexto. Empeora la contradicción entre el *modo de producción* y el *modo de apropiación*, dado que separa la producción de la propiedad, o sea, convierte el capital que interviene en la producción en capital "social", pero, a la vez, transforma una parte del beneficio en un simple título de propiedad, bajo la forma de interés del capital. Agudiza la contradicción entre las *relaciones de propiedad* y las *relaciones de producción*, dado que expropia a muchos pequeños capitalistas y concentra en muy pocas manos una cantidad enorme de fuerzas productivas. Y, finalmente, agrava la contradicción entre el carácter *social* de la producción y la propiedad *privada* capitalista, en la medida en que hace necesaria la intervención del Estado en la producción.

En una palabra, el crédito reproduce las contradicciones fundamentales del capitalismo, las lleva al paroxismo y acelera su desarrollo, empujando así al mundo capitalista a su propia destrucción. La primera medida de adaptación del capitalismo, en relación con el crédito, tendría que ser, por tanto, su *abolición*, hacerlo desaparecer. De hecho, el crédito no es un medio de adaptación, sino un medio de aniquilación, de la mayor trascendencia revolucionaria. Este carácter del crédito ha inspirado, incluso, planes de reformas "socialistas", de algunos de cuyos defensores —como Isaac Péreire, en Francia— dijo Marx que eran "mitad profetas, mitad sinvergüenzas".[7]

Igual de insuficiente resulta, si se lo examina bien, el segundo "medio de adaptación" de la producción capitalista, las alianzas empresariales, que según Bernstein conseguirán contener la anarquía y evitar las crisis mediante la regulación de la producción. Todavía no se han estudiado detenidamente las múltiples consecuencias del desarrollo de los cárteles y de los *trusts*, pero anuncia un problema que sólo se puede solucionar con la ayuda de la teoría marxista. Ahora bien, una cosa sí es cierta: cabría hablar de contención de la anarquía capitalista por medio de las alianzas empresariales, si los cárteles, *trusts*, etc., se inclinasen hacia una forma general y socializada de producción, posibilidad que está excluida por la naturaleza de éstos.

El objetivo económico real y el resultado de las alianzas empresariales es eliminar la competencia dentro de una determinada rama de la producción, puesto que esta eliminación influye en la distribución de los beneficios obtenidos en el mercado, haciendo que aumente la porción correspondiente a esa rama. La alianza sólo puede elevar los porcentajes de beneficios dentro de una rama industrial a costa de las otras, por lo cual ese aumento no puede ser general. La extensión de las alianzas a todas las ramas importantes de la producción hace desaparecer su influencia.

Además, dentro de los límites de su aplicación práctica, las alianzas empresariales tienen un efecto contrario al de la eliminación de la anarquía industrial. En el mercado interior, suelen obtener un incremento de su tasa de beneficio, al hacer producir para el extranjero, con una tasa de beneficio mucho más baja, las cantidades suplementarias de capital que no pueden emplear para las necesidades internas, o sea, vendiendo las mercancías en el extranjero mucho más baratas que en el mercado doméstico. El resultado es la agudización de la competencia en el extranjero, el aumento de la anarquía en el mercado mundial, es decir, precisamente lo contrario de lo que se pretendía conseguir. Un ejemplo convincente es la historia de la industria mundial del azúcar.

[En general, consideradas como manifestaciones del modo de

producción capitalista, las alianzas empresariales deben ser vistas como una fase del desarrollo capitalista. No son, en esencia, más que un medio del modo de producción capitalista para contener la fatal caída de la tasa de beneficios en ciertas ramas. ¿De qué método se valen los cárteles para alcanzar este fin? Del método de no utilizar una parte del capital acumulado, es decir, el mismo método que, bajo otra forma, se aplica en las crisis. Sin embargo, el remedio y la enfermedad se parecen como dos gotas de agua. De hecho, el primero sólo puede considerarse el mal menor hasta cierto punto. Cuando los mercados comiencen a contraerse y el mercado mundial haya alcanzado sus límites y esté agotado, a causa de la competencia entre los países capitalistas —momento que tarde o temprano se alcanzará—, la parte improductiva del capital comienza a adquirir tales proporciones, que el remedio se transforma en enfermedad y el capital, ya muy "socializado" a través de las alianzas, tenderá a convertirse de nuevo en capital privado. Al aumentar las dificultades para encontrar mercados, cada porción individual de capital acaba prefiriendo probar suerte por la libre. Las alianzas estallan, entonces, como pompas de jabón, dando paso a una libre competencia más aguda.][8]

En general, puede decirse que las alianzas empresariales, al igual que el crédito, son fases determinadas del desarrollo capitalista, que —en última instancia— sólo aumentan la anarquía del mundo capitalista, y manifiestan y hacen madurar sus contradicciones internas. Al intensificar la lucha entre productores y consumidores, como podemos observar especialmente en Estados Unidos, los cárteles agudizan la contradicción entre el modo de producción y el modo de distribución. Agudizan, asimismo, la contradicción entre el modo de producción y el modo de apropiación, por cuanto enfrentan de la forma más brutal al proletariado con la omnipotencia del capital organizado y, de esta manera, agravan la contradicción entre capital y trabajo. Agudizan, por último, la contradicción entre el carácter internacional de la economía mundial capitalista y el carácter nacional del Estado capitalista, dado que siempre van acompañados por una guerra arancelaria general, lo que aumenta las diferencias entre los diversos países capitalistas. A todo esto hay que añadir el efecto directo y altamente revolucionario de los cárteles sobre la concentración de la producción, el progreso técnico, etcétera.

Por tanto, desde el punto de vista de sus efectos finales sobre la economía capitalista, los cárteles y los *trusts* no sirven como "medios de adaptación". Al contrario, aumentan la anarquía de la producción, estimulan contradicciones y aceleran la llegada de un declive general del capitalismo.

Ahora bien, si el crédito, los cárteles y demás no consiguen eliminar la anarquía de la economía capitalista, ¿por qué durante dos decenios, desde 1873, no hemos tenido ninguna gran crisis comercial? ¿No es ésta una señal de que, en contra del análisis de Marx, el modo de producción capitalista ha logrado "adaptarse" —al menos, en sus líneas generales— a las necesidades de la sociedad?

[En nuestra opinión, la actual bonanza en el mercado mundial tiene otra explicación. En general, se cree que las grandes crisis comerciales globales ocurridas hasta ahora son las crisis seniles del capitalismo, esquematizadas por Marx en su análisis. La periodicidad —más o menos decenal del ciclo de producción— parecía ser la mejor confirmación de este esquema. Esta concepción, sin embargo, descansa sobre lo que, a nuestro juicio, es un malentendido. Si se hace un análisis más exhaustivo de las causas que han provocado las grandes crisis internacionales acontecidas hasta el momento, se podrá advertir que, en conjunto, no son la expresión del envejecimiento de la economía capitalista, sino todo lo contrario, son resultado de su crecimiento infantil. Un repaso breve de su evolución, basta para demostrar, desde un principio, que en los años 1825, 1836 y 1847 el capitalismo no pudo producir aquellos periódicos e inevitables choques de las fuerzas productivas con los límites del mercado, a causa de su madurez, como se desprende del esquema marxista, puesto que, por aquel entonces, el capitalismo se hallaba en pañales en la mayoría de los países.][9]

En efecto, la crisis de 1825 fue el resultado de las enormes inversiones de capital para construir carreteras, canales y plantas de gas durante la década precedente, sobre todo en Inglaterra, donde la crisis estalló. La crisis siguiente, de 1836-1839, también fue el resultado de las gigantescas inversiones en nuevos medios de transporte. La crisis de 1847 se produjo por la febril construcción de ferrocarriles en Inglaterra —en sólo tres años (1844-1847), el Parlamento otorgó concesiones por valor de ¡1 500 millones de táleros[10]!—. En estos tres casos, la crisis sobrevino tras el establecimiento de nuevos cimientos para el desarrollo capitalista. En 1857, la causa fue la apertura de nuevos mercados para la industria europea en América y Australia, como consecuencia del descubrimiento de las minas de oro y la amplia expansión del ferrocarril, siguiendo las huellas de Inglaterra, especialmente en Francia, donde de 1852 a 1856 se construyeron líneas férreas por valor de 1 250 millones de francos. Por último, como es sabido, la gran crisis de 1873 fue consecuencia directa del enorme auge de la gran industria en Alemania y Austria, que siguió a los acontecimientos políticos de 1866 y 1871.[11]

Por tanto, en todos los casos, el motivo de la crisis comercial fue la repentina *expansión* de la economía capitalista, y no su contracción. El hecho de que aquellas crisis internacionales se repitieran cada diez años, fue meramente externo y casual. El esquema marxista de la formación de las crisis, tal como lo exponen Engels, en el *Anti-Dühring*, y Marx, en los tomos I y III de *El capital*, es válido para todas las crisis sólo en la medida que pone al descubierto su *mecanismo interno* y sus *causas generales de fondo*.

[En conjunto, el esquema marxista se adapta mejor a una economía capitalista plenamente desarrollada, en la que se presupone la existencia de un mercado mundial. Solamente en este caso, las crisis pueden originarse de un modo mecánico en el movimiento interno propio de los procesos de producción y distribución, como se desprende del análisis marxista, y sin necesidad de que una conmoción repentina en las relaciones de producción y de mercado actúe como estímulo. Si analizamos la situación actual de la economía, tendremos que reconocer que todavía no hemos llegado a la etapa de la madurez completa del capitalismo que se presupone en el esquema marxista de la periodicidad de las crisis. El mercado mundial aún se está creando: Alemania y Austria sólo entraron en la fase de la auténtica gran producción industrial a partir de 1870; Rusia ha ingresado a partir de 1880; Francia continúa siendo, en gran parte, un país de producción artesanal; los países balcánicos aún no han roto en gran medida las cadenas de la economía natural; y América, Australia y África, tan sólo a partir de 1880, han entrado en un régimen de intercambio comercial vivo y regular con Europa. Si bien es cierto, por una parte, que ya hemos superado las crisis —por así decirlo— juveniles producidas hasta 1870 como consecuencia del desarrollo brusco y repentino de nuevas ramas de la economía capitalista, también lo es que, por otra parte, aún no hemos alcanzado el grado de formación y agotamiento del mercado mundial, que puede producir un choque fatal y periódico de las fuerzas productivas contra los límites del mercado, es decir, que puede producir las verdaderas crisis seniles del capitalismo. Nos encontramos en una fase en que las crisis ya no son el resultado del ascenso del capitalismo, pero todavía tampoco son el fruto de su decadencia. Este período de transición se caracteriza por el ritmo débil y lento de la vida económica desde hace casi 20 años, en el que cortos períodos de crecimiento se alternan con largos períodos de depresión.

[Pero, de los mismos fenómenos que han ocasionado la ausencia temporal de crisis, se deriva que nos acercamos —inevitablemente— al comienzo del final, al período de las crisis últimas del capitalismo. Una vez que el mercado mundial haya alcanzado, en líneas generales, un alto grado de desarrollo y que ya no pueda crecer por medio de ningún aumento brusco, al tiempo que crece sin parar la productividad del trabajo, se inicia un conflicto más o menos largo entre las fuerzas productivas y las barreras del intercambio, que, al repetirse, será cada vez más violento y tormentoso. Y si algo resulta en especial adecuado para acercarnos a ese período, para establecer con rapidez el mercado mundial y agotarlo también con igual rapidez, son, precisamente, esos mismos fenómenos, el crédito y los cárteles, sobre los que Bernstein construye su teoría de los "medios de adaptación" del capitalismo.][12]

La creencia de que la producción capitalista pueda "adaptarse" a la distribución presupone una de estas dos cosas: o el mercado mundial puede crecer infinita e ilimitadamente o, por el contrario, las fuerzas productivas ven tan frenado su desarrollo, que no pueden superar los límites del mercado. La primera opción es materialmente imposible y la segunda se enfrenta al hecho de que los constantes avances técnicos crean, a diario, nuevas fuerzas productivas en todas las ramas de la producción.

Todavía hay un fenómeno que, según Bernstein, contradice la evolución del capitalismo como se ha expuesto: la "resuelta infantería" de las medianas empresas. En ellas ve Bernstein un signo de que el desarrollo de la gran industria no actúa de un modo tan revolucionario y no concentra tanto la industria como se derivaría de la teoría del hundimiento. Bernstein es aquí, de nuevo, víctima de su propia falta de comprensión. Porque es entender muy erróneamente el proceso de desarrollo de la gran industria, esperar del mismo que vaya a hacer desaparecer la mediana empresa.

De acuerdo con Marx, la misión de los pequeños capitales en la marcha general del desarrollo capitalista, es ser los pioneros del avance técnico, y ello en dos sentidos: introduciendo nuevos métodos de producción en ramas ya arraigadas de la producción, y creando ramas nuevas, todavía no explotadas por los grandes capitales. Es completamente falso creer que la historia de la mediana empresa capitalista es una línea recta hacia su gradual desaparición. Por el contrario, el curso real de su desarrollo es puramente dialéctico y se mueve constantemente entre contradicciones. Las capas medias capitalistas, al igual que la clase obrera, se encuentran bajo la influencia de dos tendencias opuestas, una que tiende a elevarla y otra que tiende a hundirla. La tendencia descendente es el continuo aumento en la escala de la producción, que periódicamente supera las dimensiones de los capitales medios, expulsándolos repetidamente de la arena de la competencia mundial. La tendencia ascendente es la desvalorización periódica de los capitales existentes, que durante cierto tiempo rebaja la escala de la producción, en proporción al valor de la cantidad mínima de capital necesario y, además, paraliza temporalmente la penetración de la producción capitalista en nuevas esferas. No hay que imaginarse la lucha entre la mediana empresa y el gran capital como una batalla periódica, en la que la parte más débil ve mermar directamente el número de sus tropas cada vez más, sino, más bien, como una siega periódica de empresas pequeñas, que vuelven a surgir con rapidez sólo para ser segadas de nuevo por la guadaña de la gran industria. Ambas tendencias juegan a la pelota con las capas medias capitalistas, pero al final acaba por triunfar la tendencia descendente, a diferencia de lo que ocurre con el proletariado.

Sin embargo, este triunfo no se manifiesta, necesariamente, en una disminución del número absoluto de medianas empresas, sino en el progresivo aumento del capital mínimo necesario para la subsistencia de las empresas en las ramas viejas de la producción y en la constante reducción del lapso durante el que los pequeños capitalistas se benefician de la explotación de las ramas nuevas. De todo esto se deriva, para el pequeño capitalista *individual*, un cada vez más corto plazo de permanencia en las nuevas industrias, y un cada vez más rápido ritmo de cambio en los métodos de producción y en la naturaleza de las inversiones; y para las capas medias, en su conjunto, un proceso cada vez más rápido de cambio en la posición social.

Esto último lo sabe muy bien Bernstein y procede a comentarlo. Pero lo que parece olvidar es que en eso consiste la ley misma del movimiento de la mediana empresa capitalista. Si se admite que los pequeños capitales son los pioneros del progreso técnico, y si es verdad que éste es el pulso vital de la economía capitalista, entonces resulta que los pequeños capitales son parte integral del desarrollo capitalista y que, únicamente, podrán desaparecer cuando ese desarrollo desaparezca. La desaparición gradual de la mediana empresa —en el sentido absoluto de la estadística matemática, que es de lo que habla Bernstein— no significaría el avance revolucionario del desarrollo capitalista, como Bernstein cree, sino su ralentización y estancamiento: "La tasa de beneficio, es decir, el crecimiento relativo de capital, es importante ante todo para los nuevos inversores de capital, que se agrupan por su cuenta. En cuanto la formación de capital recayera exclusivamente en manos de algunos grandes capitales (...) el fuego vivificador de la producción acabaría apagándose, se consumiría."[13]

[Los medios de adaptación bernsteinianos resultan, pues, ineficaces, y los fenómenos que él considera como síntomas de la "adaptación" se han de atribuir a causas completamente distintas.][14]

## Implantación del Socialismo por Medio de Reformas Sociales

Bernstein rechaza la validez de la "teoría del hundimiento" como vía histórica hacia la sociedad socialista. ¿Cuál es la vía que, partiendo de la "teoría de la adaptación del capitalismo", lleva a esa sociedad? Bernstein sólo ha contestado a esta pregunta indirectamente. El intento de responderla de modo más detallado en un sentido bernsteiniano lo ha hecho Konrad Schmidt.[15] Según él, "la lucha sindical y la lucha política por las reformas sociales irán introduciendo un control social cada vez más extenso sobre las condiciones de la producción" y, a través de la legislación, "irán reduciendo progresivamente a los capitalistas a la función de administradores, por medio de la merma de sus derechos", hasta que por último "se despoje al capitalista, que habrá ido viendo cómo su propiedad iba desvalorizándose, también de la dirección y administración de la empresa", implantándose de este modo la empresa social.

Así pues, los medios para el establecimiento paulatino del socialismo son los sindicatos, las reformas sociales y también, como añade Bernstein, la democratización política del Estado.

A fin de comenzar con los sindicatos, su función más importante —que nadie ha sabido mostrar mejor que el propio Bernstein, en el año 1891, en *Neue Zeit*— consiste en proporcionar a los trabajadores un instrumento para realizar la ley capitalista del salario, es decir, la venta de su fuerza de trabajo a precio de mercado. Los sindicatos permiten al proletariado aprovecharse en cada momento de la coyuntura del mercado. Pero, los factores de la coyuntura misma —la demanda de fuerza de trabajo (determinada por el desarrollo de la producción), la oferta de fuerza de trabajo (originada por la proletarización de las capas medias y la reproducción natural de la clase obrera) y, finalmente, el momentáneo nivel de productividad del trabajo— quedan fuera de la esfera de influencia del sindicato. Los sindicatos, por tanto, no pueden abolir la ley capitalista del salario. En las circunstancias más favorables pueden reducir la explotación capitalista hasta los límites "normales" de un momento dado, pero no pueden eliminarla, ni siquiera gradualmente.

Por lo demás, Konrad Schmidt ve al movimiento sindical actual en un "débil estadio inicial", y espera que en el futuro "el movimiento sindical ejerza progresivamente una influencia cada vez mayor sobre la regulación de la producción". Pero, por "regulación de la producción" sólo cabe entender dos cosas: la intervención en el aspecto técnico del proceso productivo o la determinación del volumen mismo de la producción. ¿De qué tipo puede ser la influencia de los sindicatos en estos dos casos? Está claro que, por lo que respecta a la técnica de la producción, el interés de los capitalistas coincide, en cierta medida, con el progreso y el desarrollo de la economía capitalista. Su propio interés lleva al capitalista a mejorar sus técnicas. Pero el trabajador individual afectado se encuentra en una posición opuesta. Cada transformación técnica entra en conflicto con sus intereses, puesto que empeora su situación inmediata, porque deprecia el valor de su fuerza de trabajo y hace el propio trabajo más intensivo, más monótono y más penoso. Si el sindicato puede intervenir en el aspecto técnico de la producción, es evidente que tiene que hacerlo en defensa de los grupos de trabajadores afectados directamente, es decir, oponiéndose a las innovaciones. En este caso, pues, el sindicato no actúa en interés de la totalidad de la clase obrera y de su emancipación —que coincide, más bien, con el progreso técnico, o sea, con el interés del capitalista aislado—, sino que actúa en un sentido reaccionario. En efecto, lo cierto es que la pretensión de influir en el aspecto técnico de la producción no ha de buscarse en el futuro del movimiento sindical, como hace Konrad Schmidt, sino en su pasado. Esta pretensión caracterizó la fase primitiva del tradeunionismo[16] inglés (hasta 1860), cuando todavía conservaba restos de las tradiciones gremialistas medievales y se inspiraba en el anticuado principio de "derecho adquirido a un trabajo adecuado".[17]

Por el contrario, la aspiración de los sindicatos a determinar el volumen de la producción y los precios de las mercancías es completamente nueva. Sólo recientemente hemos comenzado a ver esfuerzos encaminados en esa dirección, y de nuevo en Inglaterra.[18] Estas aspiraciones, sin embargo, son exactamente iguales a las anteriores por su carácter y su tendencia. Porque, ¿a qué equivale la participación activa del sindicato en la determinación del volumen y los precios de la producción? A la formación de un cártel de trabajadores y empresarios contra los consumidores, y contra los empresarios de la competencia utilizando, además, medidas coercitivas que nada tienen que envidiar a las de los cárteles empresariales. Esto ya no es una lucha entre el capital y el trabajo, sino una alianza solidaria de ambos contra los consumidores. En cuanto a su valor social, es una aspiración reaccionaria que no puede ser una etapa de la lucha del proletariado por su emancipación, porque representa justamente lo contrario a la lucha de clases. En cuanto a su valor práctico, es una utopía que nunca podrá extenderse a las grandes ramas industriales que produzcan para el mercado mundial, como se puede apreciar con una reflexión pequeña.

Por tanto, el campo de actuación de los sindicatos se limita, en esencia, a la lucha por el aumento de salarios y la reducción de la jornada laboral, es decir, a regular la explotación capitalista, según las condiciones del mercado. En cambio, la propia naturaleza de las cosas les impide influir en el proceso productivo. Es más, el desarrollo del movimiento sindical tiende a ir en dirección a la separación completa entre el mercado de trabajo y el mercado del resto de las mercancías, precisamente lo contrario de lo que supone Konrad Schmidt. Y las pruebas más significativas de esto son que los intentos de vincular el contrato de trabajo con la situación general de la producción, aunque sea *pasivamente* por medio de una escala móvil de salarios, han sido superados por el desarrollo histórico y que las *trade unions* británicas se alejan cada vez más de los mencionados intentos.[19]

Y tampoco dentro de los límites reales de su influencia camina el movimiento sindical hacia su expansión ilimitada, como supone la teoría de la adaptación del capital. Todo lo contrario: si examinamos los principales factores del desarrollo social, se percibe que, en términos generales, no nos aproximamos a una época de expansión victoriosa, sino más bien de dificultades crecientes para el movimiento sindical. Una vez que la industria haya alcanzado el punto álgido de su desarrollo y el capitalismo comience su *fase de declive* en el mercado mundial, la lucha sindical se hará doblemente difícil. En primer lugar, la coyuntura objetiva del mercado será menos favorable para la fuerza de trabajo en la medida en que la demanda de la misma aumente a un ritmo menor que su oferta. En segundo lugar, a fin de compensar las pérdidas sufridas en el mercado mundial, los capitalistas harán un esfuerzo, incluso mayor que en el presente, para reducir la parte del producto que va a los trabajadores. La reducción de los salarios es uno de los medios más importantes para contener la caída de la tasa de beneficio.[20]

Inglaterra nos ofrece ya la imagen del comienzo de la segunda etapa del movimiento sindical: cada vez más se ve reducido, por necesidad, a la mera defensa de lo ya conseguido, e incluso esto resulta cada vez más difícil. Ésta es la tendencia general en la sociedad, y la única respuesta que cabe a la misma es el desarrollo del *aspecto político socialista de la lucha de clases*.

Konrad Schmidt comete el mismo error de perspectiva histórica con relación a las *reformas sociales*, de las que espera que "junto con los sindicatos, impongan a la clase capitalista las condiciones bajo las cuales podrá emplear la fuerza de trabajo". Interpretar así la reforma social lleva a Bernstein a considerar la legislación laboral como un trozo de "control social" y, por tanto, un trozo de socialismo. Asimismo, Konrad Schmidt siempre habla de "control social" cuando se refiere a las leyes de protección de los trabajadores, y una vez que ha transformado tan felizmente el Estado en sociedad, añade, seguro de sí mismo, "es decir, la clase obrera ascendente", de forma que, a través de esta operación, las inofensivas medidas de protección del trabajador promulgadas por el Senado alemán se transforman en medidas socialistas transicionales, supuestamente promulgadas por el proletariado.

La deformación resulta evidente. El Estado actual no es la "sociedad" que representa a la "clase obrera ascendente", sino el representante de la sociedad capitalista, o sea, es un Estado *de clase*. Por este motivo, las reformas sociales que el Estado acomete no son medidas de "control social" —esto es, el control de una sociedad libre sobre el proceso de su propio trabajo—, sino medidas de *control de la organización de clase del capital sobre el proceso de producción capitalista*. Es decir, las "reformas sociales" encontrarán sus límites naturales en el interés del capital. Por supuesto, Bernstein y Konrad Schmidt sólo ven —por ahora— "débiles comienzos", pero esperan en el futuro una secuencia infinita de reformas sociales favorables a la clase obrera. Cometen aquí el mismo error que cuando suponen una expansión ilimitada del poder del movimiento sindical.

La teoría de la implantación gradual del socialismo mediante reformas sociales requiere, como condición básica, un determinado desarrollo objetivo de la *propiedad y el Estado capitalistas*. Respecto de lo primero, Konrad Schmidt cree que, en el futuro, "los propietarios capitalistas se verán progresivamente reducidos a la función de administradores, debido a una limitación de sus derechos". Dado que ve imposible expropiar —repentinamente y de una sola vez— los medios de producción, Konrad Schmidt se saca de la manga una teoría de expropiación por etapas. Para ello, presupone una división del derecho de propiedad en una "superpropiedad" (que atribuye a la "sociedad" y que pretende se vaya ampliando de continuo) y un derecho de usufructo (en manos de los capitalistas, pero que se irá reduciendo hasta llegar a una mera administración de sus empresas). Ahora bien, o esta suposición es un mero juego de palabras, sin mayores consecuencias, lo que deja a la teoría de la expropiación por etapas sin ningún respaldo, o es un esquema seriamente pensado del desarrollo jurídico, en cuyo caso es erróneo por completo. La división del derecho de propiedad en varios derechos parciales, argumento al que recurre Konrad Schmidt para demostrar su "expropiación por etapas" del capital, es típica de la sociedad feudal, que se basaba en la economía natural, en la cual la distribución del producto entre las distintas clases sociales se hacía en bienes naturales, y en razón de las relaciones personales entre los señores feudales y sus siervos. La división de la propiedad en distintos derechos parciales se correspondía con la manera de distribuir la riqueza social. Con el paso a la producción mercantil y la disolución de los lazos personales entre los individuos participantes en el proceso productivo, se fortaleció, por el contrario, la relación entre personas y cosas, o sea, la propiedad privada. Dado que la distribución ya no queda determinada por las relaciones personales, sino por el *intercambio*, los diversos derechos de participación en la riqueza social ya no se miden dividiendo el derecho de propiedad sobre un objeto determinado, sino a través del valor que cada cual aporta al mercado. El primer cambio introducido en las relaciones jurídicas por el surgimiento de la producción mercantil en los burgos medievales, fue la aparición, en el seno de unas relaciones jurídicas feudales basadas en la propiedad dividida, de una propiedad privada absolutamente cerrada. Esta evolución sigue avanzando a buen ritmo en la producción capitalista. Cuanto más se socializa el proceso de producción, tanto más descansa sobre el intercambio el proceso de distribución; y cuanto más intocable y cerrada se hace la propiedad privada capitalista, tanto más esta propiedad se convierte de un derecho al producto del propio trabajo en un simple derecho de apropiación del trabajo ajeno. Mientras sea el propio capitalista quien dirija la fábrica, la distribución estará ligada, hasta cierto punto, a su participación personal en el proceso productivo. Pero, en la medida en que la dirección personal del fabricante se hace superflua, como es el caso, hoy día, de las sociedades anónimas, la propiedad del capital, como título de derechos en el reparto de la riqueza, se separa por completo de las relaciones personales con la producción y aparece así en su forma más pura. El derecho capitalista de propiedad alcanza su expresión más acabada en el capital por acciones y el crédito industrial.

El esquema histórico de la evolución del capitalista, expuesto por Konrad Schmidt —de propietario a mero administrador—, es desmentido por el desarrollo histórico real, que, por el contrario, tiende a convertir al propietario y administrador en mero propietario. A Konrad Schmidt le sucede lo que a Goethe: *"Se le antoja lejano lo que posee/y cercano lo que desaparece."*

Al igual que en lo económico, el esquema histórico de Schmidt retrocede de la sociedad anónima moderna a la manufactura o, incluso, al taller artesanal; también, en lo jurídico, pretende hacer volver el mundo capitalista al cascarón feudal de la economía natural.

Asimismo, desde este punto de vista el "control social" tiene un aspecto distinto al que Konrad Schmidt le atribuye. Lo que hoy hace las veces de "control social" —la legislación laboral, la vigilancia de las sociedades anónimas, etc.—, no tiene absolutamente nada que ver con ninguna participación en el derecho de propiedad, con su "superpropiedad".

Este "control social" no limita la propiedad capitalista, sino que la protege. O dicho en términos económicos: no es una amenaza a la explotación capitalista, sino, simplemente, una regulación de ésta. Y cuando Bernstein se pregunta cuánto socialismo contiene una ley laboral, podemos asegurarle que la mejor ley laboral contiene el mismo "socialismo" que las ordenanzas municipales acerca de la limpieza de las calles o el encendido de las farolas, que indudablemente también son "control social".

## El Capitalismo y el Estado

El segundo presupuesto de la implantación por etapas del socialismo —según Bernstein—, es la transformación del Estado en sociedad. Hoy día, es común la opinión de que el Estado actual es un Estado de clase. En nuestra opinión, esta proposición, como todo lo relativo a la sociedad capitalista, no debe entenderse de una manera rígida, absoluta, sino dinámica, dialéctica.

El triunfo político de la burguesía convirtió el Estado en un

Estado capitalista. Y el propio desarrollo del capitalismo modifica, en esencia, el carácter del Estado, al ampliar de continuo su esfera de acción y atribuirle nuevas funciones relacionadas sobre todo con la vida económica, lo que hace cada vez más necesaria la intervención y el control estatal de la misma. En este sentido, el desarrollo del capitalismo va preparando poco a poco la futura fusión del Estado y la sociedad, es decir, la devolución de las funciones del Estado a la sociedad. Éste es el sentido en que cabe hablar de una transformación del Estado capitalista en sociedad y, sin duda, también es el sentido en que Marx dijo que la legislación laboral era la primera intervención consciente de la "sociedad" en el proceso social de su propia vida, frase a la que Bernstein se refiere.

Pero, por otra parte, el mismo desarrollo capitalista ocasiona otro cambio en la esencia del Estado. El Estado actual es, ante todo, una organización de la clase capitalista dominante, y si ejerce diversas funciones de interés universal en beneficio del desarrollo social es, únicamente, en la medida en que ese desarrollo coincide, en general, con los intereses de la clase dominante. La legislación laboral, por ejemplo, se promulga, tanto en beneficio inmediato de la clase capitalista, como de la sociedad en general. Pero esta armonía solamente dura hasta un cierto momento del desarrollo capitalista. Cuando éste alcanza cierto punto, los intereses de la burguesía como clase y las necesidades del progreso económico comienzan a separarse, incluso en sentido capitalista. En nuestra opinión, ya hemos entrado en esta fase, como manifiestan dos importantísimos fenómenos de la vida social contemporánea: las *barreras arancelarias* y el *militarismo*. Ambos fenómenos han cumplido una función imprescindible —y, por tanto, progresista y revolucionaria— en la historia del capitalismo. Sin la protección aduanera, hubiera sido imposible el desarrollo de la gran industria en toda una serie de países. Pero, ahora las cosas son diferentes. [En los países más poderosos, sobre todo en aquellos que aplican más claramente una política arancelaria, la producción capitalista parece haberse igualado.][21]

Desde el punto de vista del *desarrollo* capitalista, esto es, desde el punto de vista de la economía mundial, resulta completamente indiferente si Alemania exporta más mercancías a Inglaterra, que Inglaterra a Alemania. Desde el punto de vista de ese desarrollo, el criado ha cumplido su tarea y podría marcharse; es más, *debería* marcharse. Dada la actual interdependencia de las distintas ramas de la industria, los aranceles proteccionistas de cualquier mercancía encarecerán el coste de producción de otras mercancías dentro del país, es decir, entorpecerán el desarrollo industrial. Pero, esto no es así desde el punto de vista de los intereses de la *clase capitalista*. Aunque la industria no precisa de aranceles proteccionistas para su *desarrollo,* los empresarios sí los necesitan para proteger sus mercados. Esto significa que los aranceles ya no sirven como medio de defensa de una producción capitalista incipiente frente a otra más madura, sino como medio de lucha de un grupo capitalista nacional contra otro. Además, los aranceles ya no son necesarios como protección de la industria a fin de crear y conquistar un mercado interior, pero, en cambio, son imprescindibles para la "cartelización" de la industria, o sea, para la lucha de los productores capitalistas contra los consumidores. Por último, el hecho que no deja lugar a dudas sobre el carácter de la política aduanera actual es que, en todas partes, la voz cantante la lleva la agricultura, no la industria; o sea, la política de proteccionismo aduanero se ha convertido en una herramienta para *expresar intereses feudales bajo una apariencia capitalista*.

El militarismo ha sufrido un cambio similar. Si consideramos la historia tal como fue, no como pudo ser o debería haber sido, tenemos que aceptar que la guerra constituyó un rasgo indispensable del desarrollo capitalista. Estados Unidos, Alemania, Italia, los países balcánicos, Rusia, Polonia, todos le deben a la guerra la creación de las condiciones o el impulso del desarrollo capitalista, al margen de que el resultado bélico concreto fuera la victoria o la derrota. Mientras existieron países cuya división interna o aislamiento económico era necesario suprimir, el militarismo cumplió, desde un punto de vista capitalista, un cometido revolucionario. Hoy día, también en esto las cosas son diferentes. [El militarismo ya no puede incorporar ningún nuevo país al capitalismo.][22] Si la política mundial se ha convertido en escenario de conflictos amenazadores, ya no es por la apertura de nuevos países al capitalismo, sino más bien por la existencia de contradicciones *europeas* que se han trasladado a otras partes del mundo, donde explotan. Los combatientes que hoy se enfrentan, con las armas en la mano, tanto en Europa, como en otros sitios del mundo, ya no son, por una parte, países capitalistas y, por otra parte, países con economía natural, sino países empujados al conflicto, precisamente, por la equivalencia de su elevado desarrollo capitalista. En estas circunstancias, el estallido de un conflicto tiene un resultado fatal para el propio desarrollo, dado que provoca una profunda conmoción y transformación de la vida económica en todos los países.

Pero, desde la perspectiva de la *clase capitalista,* las cosas se ven de otro modo. Para ella, el militarismo se ha hecho hoy imprescindible, por tres razones:

1. Como medio de lucha para defender los intereses "nacionales" frente a la competencia de otros grupos nacionales.

2. Como importante destino de la inversión, tanto del capital financiero, como del capital industrial.

3. Como instrumento de dominación de clase en el interior del país *sobre* la clase obrera.

En sí mismos, todos estos intereses no tienen nada que ver con el desarrollo del modo de producción capitalista. Y lo que mejor demuestra el carácter específico del militarismo actual es, en primer lugar, su aumento en todos los países como consecuencia, por así decirlo, de impulsos internos y mecánicos, fenómeno que hace 20 años era completamente desconocido; y, en segundo lugar, el carácter fatal de la próxima explosión, que se acerca y es inevitable, a pesar de la imposibilidad de determinar los motivos que conducirán a ella, los países implicados, el objeto del conflicto y otras circunstancias. De motor del desarrollo capitalista, el militarismo se ha transformado en su mal endémico.

En esta dualidad entre el desarrollo social y los intereses de la clase dominante, el Estado toma partido por estos últimos. Al igual que la burguesía, el Estado aplica una política *contraria* al desarrollo social, y con ello *pierde* cada vez más su carácter de representante del conjunto de la sociedad y se va convirtiendo, paso a paso, en un puro Estado *de clase;* o, dicho más correctamente, estas dos características se van distanciando entre sí hasta llegar a ser contradictorias *dentro* de la propia esencia del Estado, contradicción que se hace cada día más aguda. Por una parte, crecen las funciones de carácter general del Estado, su injerencia en la vida social, así como el "control" sobre ésta. Pero, por otra parte, su carácter de clase le obliga a concentrar más y más su actividad y sus medios coercitivos en aspectos que son de utilidad para la burguesía, como el militarismo, y las políticas aduaneras y coloniales, pero que para la sociedad son negativos. Es más, el "control social" que el Estado ejerce va impregnándose y siendo dominado por su carácter de clase. (Piénsese en cómo se aplica en todos los países la legislación laboral.)

La extensión de la democracia, que es vista por Bernstein como un medio de implantación gradual del socialismo, no se contradice con el cambio señalado en la naturaleza del Estado, sino que concuerda perfectamente con él.

Según Konrad Schmidt, la consecución de una mayoría parlamentaria socialdemócrata en el Reichstag, conduce directamente a la "socialización" gradual de la sociedad. No hay duda de que las formas democráticas de la vida política, son un fenómeno que expresa claramente el proceso de conversión del Estado en sociedad y, en esta medida, son una etapa en la transformación socialista. Pero, precisamente, la dualidad señalada en la naturaleza del Estado capitalista se manifiesta, del modo más crudo, en el moderno parlamentarismo. Es cierto que, formalmente, el parlamentarismo sirve para expresar los intereses de toda la sociedad dentro de la organización del Estado. Sin embargo, en realidad, sólo expresa los de la sociedad capitalista, es decir, una sociedad en la que predominan los intereses *capitalistas*. Las instituciones, aunque democráticas en su forma, son en su contenido instrumentos de los intereses de la clase dominante. Esto se demuestra del modo más palpable en el hecho de que, en cuanto la democracia muestra una tendencia a negar su carácter de clase y a convertirse en un instrumento de los intereses reales de las masas populares, la burguesía y sus representantes en el aparato del Estado sacrifican las formas democráticas. A la vista de esto, la idea de conquistar una mayoría parlamentaria socialdemócrata, aparece como un cálculo que, en el más puro estilo del liberalismo burgués, sólo toma en consideración el aspecto formal de la democracia y se olvida por completo de su contenido real. O sea, el parlamentarismo no es un elemento inmediatamente socialista que va impregnando poco a poco toda la sociedad capitalista, como supone Bernstein, sino que es una forma específica del Estado burgués, que hace madurar y agudiza las contradicciones del capitalismo.

Ante este desarrollo objetivo del Estado, la idea de Bernstein y Konrad Schmidt acerca de que el creciente "control social" pueda implantar directamente el socialismo, se contradice cada día más con la realidad.

La teoría de la implantación gradual del socialismo, descansa sobre la idea de una reforma paulatina de la propiedad y del Estado capitalistas, en un sentido socialista. Sin embargo, a causa de los procesos objetivos de la sociedad contemporánea, ambos — propiedad y Estado— se desarrollan, precisamente, en direcciones opuestas. El carácter social de la producción es cada vez mayor, y la intervención y el control del Estado en ésta, también. Pero, al mismo tiempo, la propiedad privada va adquiriendo cada vez más la forma de una cruda explotación capitalista del trabajo ajeno, y el Estado ejerce cada vez más su control, guiado exclusivamente por los intereses de la clase dominante. De esta manera, el Estado (la organización *política* del capitalismo) y las relaciones de propiedad (su organización *jurídica*), se convierten, a medida que el capitalismo se desarrolla, cada vez más en *capitalistas,* y no en socialistas, con lo cual crean dos obstáculos insalvables para la teoría de la implantación gradual del socialismo.

La idea de Fourier[23] de convertir en limonada toda el agua de los mares por medio del sistema de falansterios, fue fantasiosa. La idea de Bernstein de vaciar botellas de limonada social-reformista en el mar de amarguras capitalistas, para así convertirlo en un mar de dulzuras socialistas, es más insípida que la anterior, pero no menos fantasiosa.

Las relaciones de producción capitalistas se aproximan cada vez más a las socialistas. Pero sus relaciones políticas y jurídicas, en cambio, levantan un muro infranqueable entre la sociedad capitalista y la socialista. Ni las reformas sociales ni la democracia debilitan ese muro, sino que lo hacen más recio y más alto. Sólo el martillazo de la revolución, es decir, *la conquista del poder político por el proletariado,* podrá derribarlo.

## Consecuencias Prácticas y Carácter General del Revisionismo

En el primer capítulo hemos intentado demostrar que la teoría bernsteiniana, en lo que a sus fundamentos teóricos se refiere, priva al programa socialista de su base material y trata de darle una base idealista. Pero, ¿qué ocurre cuando la teoría se traslada a la práctica? A primera vista, su práctica no parece diferir de la seguida hasta ahora por la socialdemocracia. Los sindicatos, la lucha por reformas sociales y la democratización de las instituciones políticas, es habitualmente el contenido formal de la actividad del partido socialdemócrata. Pero la diferencia no estriba en el *qué*, sino en el *cómo*.

En la situación actual, la lucha sindical y la práctica parlamentaria están consideradas como los medios de educar y de conducir, poco a poco, al proletariado hacia la toma del poder político. Sin embargo, en la concepción revisionista, esa conquista del poder se ve imposible e inútil, por lo que el partido sólo debe considerar los resultados inmediatos de su actividad sindical y parlamentaria, es decir, la mejora de la situación material de los trabajadores, la limitación paulatina de la explotación capitalista y la ampliación del control social. Si se prescinde del objetivo de la mejora inmediata de la situación de los trabajadores —común a ambas concepciones, la habitual hasta ahora en el partido y la revisionista—, la diferencia entre ellas, en pocas palabras, es que, para la primera, la lucha sindical y política es importante, porque prepara al proletariado para la tarea de construir el socialismo, esto es, crea el factor *subjetivo* de la transformación socialista; en cambio, para Bernstein, es importante porque la lucha sindical y política limita gradualmente la explotación capitalista, despoja paso a paso a la sociedad capitalista de su carácter capitalista, la impregna de un carácter socialista, es decir, lleva adelante, en un sentido *objetivo*, la transformación socialista.

Examinando la cuestión con más detalle, puede verse que las dos concepciones son diametralmente opuestas. En la concepción habitual del partido, la lucha sindical y política permite que el proletariado comprenda que es imposible que tal lucha cambie de forma fundamental su situación, y que debe, inevitablemente, conquistar el poder político. La concepción de Bernstein, en cambio, parte del supuesto de que es imposible conquistar el poder político, por lo que la implantación del socialismo sólo puede venir de la mano de la actividad sindical y política.

Según la concepción bernsteiniana, el carácter socialista de la lucha sindical y política reside en que su influencia socializa gradualmente la economía capitalista. Pero, como hemos tratado de demostrar, esta influencia es una fantasía. El Estado y la propiedad capitalistas van en direcciones opuestas. Por tanto, la actividad práctica cotidiana de la socialdemocracia pierde, en última instancia, toda relación con el socialismo. La lucha sindical y política adquiere su relevancia, y su auténtico carácter socialista en la medida en que socializa el *conocimiento* del proletariado, su conciencia, y ayuda a organizarlo como clase. Pero, si es considerada como un instrumento de socialización de la economía capitalista, no sólo pierde su usual eficacia, sino que también deja de ser una herramienta para preparar a la clase obrera con vistas a la toma del poder.

Constituye, por tanto, una equivocación completa que Eduard Bernstein y Konrad Schmidt se consuelen pensando que reducir la lucha del partido al trabajo sindical ordinario, y a la obtención de reformas sociales, no significa abandonar el objetivo último, porque cualquier paso en aquel terreno repercute sobre éste, nos acerca a él, dado que la meta socialista reside inherentemente, como una tendencia, en cualquier avance.

Éste es el caso en la táctica actual de la socialdemocracia alemana, donde la aspiración consciente y firme a la conquista del poder político, *precede* y orienta las luchas sindicales y por reformas sociales. Separar esta aspiración previa del movimiento y considerar las reformas sociales como un fin en sí mismo, no nos lleva a la realización del objetivo último del socialismo, sino que nos aleja de él.

Konrad Schmidt confía, simplemente, en una especie de movimiento mecánico que, una vez en marcha, ya no puede detenerse por sí sólo, por la simple razón de que comiendo se abre el apetito, y en que la clase obrera no se dará por satisfecha con reformas, mientras no se realice la transformación socialista. Esta última presunción es evidentemente correcta, como nos lo garantiza la insuficiencia de la propia reforma social capitalista, pero la conclusión que de ésta se extrae sólo podría ser cierta si en verdad se pudiera pasar del orden social actual al socialista mediante una sucesión ininterrumpida de reformas sociales cada vez mayores. Esto, por supuesto, es una ilusión. La sucesión se interrumpe muy pronto, por razón de la naturaleza misma de las cosas, y los caminos que a partir de ese punto puede seguir el movimiento son múltiples.

Lo más probable es un cambio de táctica, con el fin de alcanzar, a toda costa, resultados prácticos de la lucha, o sea, reformas sociales. Y tan pronto como el principal objetivo de nuestra actividad sean los resultados inmediatos, la irreconciliable posición principista de clase, que sólo tiene sentido en el contexto de una política que se propone la conquista del poder, se convertirá en un estorbo.

Las consecuencias directas de esto serán una "política de compensaciones" —o sea, una política de compromisos, de toma y daca— y una actitud conciliadora con "visión de Estado". Pero, el movimiento no puede verse parado por mucho tiempo. Puesto que —bajo el capitalismo— las reformas sociales son, se aplique la táctica que se aplique, una vía muerta, la consecuencia lógica de tal programa será la desilusión con la reforma social, es decir, la arribada al tranquilo puerto en el que echaron anclas los profesores Schmoller y compañía estudiando soluciones a gusto de las dos partes, quienes, después de navegar por las aguas de las reformas sociales, terminaron dejándolo todo en manos de Dios.[24]

El socialismo no surge automáticamente y bajo cualquier circunstancia de la lucha cotidiana de la clase obrera, sino que *sólo puede ser consecuencia de las cada vez más agudas contradicciones de la economía capitalista y del convencimiento, por parte de la clase obrera, de la necesidad de superar tales contradicciones a través de una revolución social.* Si se niega lo primero y se rechaza lo segundo, como hace el revisionismo, el movimiento obrero se ve reducido a mero sindicalismo y reformismo, lo que, por su propia dinámica, acaba, en última instancia, llevando al abandono del punto de vista de clase.

Esta consecuencia también es evidente si estudiamos el carácter general del revisionismo. Es obvio que el revisionismo no descansa sobre la misma base que las relaciones de producción capitalistas, y no niega las contradicciones del capitalismo, como hacen los economistas burgueses; al contrario, al igual que la teoría marxista, parte de la existencia de esas contradicciones. Sin embargo, el punto central de la concepción revisionista —y, a la vez, su diferencia fundamental con la concepción socialdemócrata hasta el momento—, es que no basa su teoría en la *superación* de esas contradicciones como resultado del desarrollo inherente al capitalismo.

La teoría revisionista equidista de dos extremos: no pretende elevar las contradicciones del capitalismo al máximo, para poder *eliminarlas* mediante la acción revolucionaria, sino que quiere *atenuar* esas contradicciones. De este modo, los cárteles empresariales y la desaparición de las crisis disminuirán la contradicción entre producción e intercambio; la mejora de la situación del proletariado y la preservación de las clases medias debilitará la contradicción entre capital y trabajo; y el aumento del control público y el progreso de la democracia, suavizarán la contradicción entre el Estado de clase y la sociedad.

La táctica habitual de la socialdemocracia no consiste en *esperar* la agudización extrema de las contradicciones capitalistas hasta que se produzca un cambio, sino que la esencia de toda táctica revolucionaria consiste en —apoyándose en la *dirección* del desarrollo capitalista, una vez ésta es conocida— extraer las orientaciones necesarias para la lucha política, a fin de llevarla a sus últimas consecuencias. Así, la socialdemocracia combate en todo momento el proteccionismo y el militarismo, sin esperar a que hayan demostrado de forma evidente su carácter reaccionario. Bernstein, en cambio, no basa su táctica en la perspectiva de agudización de las contradicciones a resultas del desarrollo del capitalismo, sino en la perspectiva de su dulcificación. Él mismo lo expresa del modo más acertado cuando habla de la "adaptación" de la economía capitalista. Ahora bien, ¿cuándo sería correcta esta concepción? Todas las contradicciones de la sociedad actual son el resultado del modo de producción capitalista. Si el capitalismo se sigue desarrollando en la dirección en que lo ha hecho hasta ahora, sus contradicciones inherentes, lejos de atenuarse, se agravarán. Las contradicciones del capitalismo sólo se podrían atenuar si el propio modo de producción capitalista frenase su desarrollo. En una palabra, la premisa fundamental de la teoría de Bernstein es la *interrupción del desarrollo capitalista*.

Con ello, sin embargo, su teoría se sentencia a sí misma, y por partida doble. En primer lugar, pone al descubierto su carácter *utópico* con respecto al objetivo último socialista, dado que, desde un principio, está bien claro que el estancamiento del desarrollo capitalista no puede conducir a una transformación socialista, confirmándose así nuestro análisis de las consecuencias prácticas de la mencionada teoría; en segundo lugar, la teoría de Bernstein revela su carácter *reaccionario* con respecto al rápido desarrollo del capitalismo que está teniendo lugar actualmente. Se plantea aquí la pregunta: a la vista de este desarrollo capitalista real, ¿cómo explicar o, más bien, cómo caracterizar la posición de Bernstein?

En el primer capítulo, creemos haber demostrado la falsedad de las premisas económicas en que Bernstein sustenta su análisis de las relaciones económicas actuales, esto es, su teoría de la "adaptación" capitalista. En aquella sección vimos que el crédito y los cárteles no se podían considerar como "medios de adaptación" de la economía capitalista, al igual que la desaparición momentánea de las crisis o la preservación de las clases medias, tampoco se podían considerar como síntomas de la adaptación capitalista. Ahora bien, además de su carácter erróneo, todos los detalles mencionados de la teoría de la adaptación comparten un rasgo característico: la teoría de Bernstein no contempla los fenómenos de la vida económica en su relación orgánica con el desarrollo capitalista en su conjunto, en sus conexiones con todo el mecanismo económico, sino que los ve separados de estas conexiones, los aísla de su contexto económico, como piezas sueltas de una máquina sin vida.

Por ejemplo, su concepción del efecto adaptador del crédito. Si se considera el crédito como una fase natural superior de las contradicciones inherentes a la distribución capitalista, entonces es imposible verlo como un "medio de adaptación" mecánico y externo al propio proceso de intercambio, exactamente igual que el dinero, la mercancía o el capital no pueden ser considerados "medios de adaptación" del capitalismo. Sin embargo, el crédito es un eslabón orgánico de la economía capitalista en una etapa determinada de su desarrollo, justamente igual que el dinero, la mercancía y el capital. Y como ellos, también es, a la vez, un eslabón imprescindible de todo el mecanismo y un instrumento de destrucción, dado que agudiza las contradicciones internas del capitalismo. Lo mismo puede decirse de los cárteles y de los modernos medios de comunicación.

La misma concepción mecánica y antidialéctica subyace en el modo en que Bernstein interpreta la desaparición de las crisis como un síntoma de la "adaptación" de la economía capitalista. Para él, las crisis son simples "trastornos" del mecanismo económico, que funcionaría bien si no se produjeran. Sin embargo, las crisis no son "trastornos" —en el sentido habitual de la palabra—, puesto que sin ellas la economía capitalista no se podría desarrollar. Si las crisis son el único método posible —y, por tanto, el normal— que tiene el capitalismo de resolver, periódicamente, el conflicto entre la ilimitada capacidad de expansión de la producción y los estrechos límites del mercado, entonces las crisis resultan ser manifestaciones orgánicas inherentes a la economía capitalista.

Un progreso "sin trastornos" de la producción capitalista encierra, para ésta, un peligro mayor que las propias crisis: la caída continua —no a resultas de la contradicción entre producción y distribución, sino del aumento de la productividad del trabajo— de la tasa de beneficio. Esta caída muestra una tendencia sumamente peligrosa a imposibilitar la entrada en la producción a los pequeños capitales y medianos, limitando así la formación de nuevos capitales y, por tanto, las inversiones. Y son, precisamente, las crisis, la otra consecuencia del mismo proceso, las que facilitan —a través de la *depreciación* periódica del capital, el abaratamiento de los medios de producción y la paralización de una parte del capital activo— el aumento de la tasa de beneficio, ya que crean nuevas posibilidades de inversión, lo que hace progresar la producción. Las crisis, pues, sirven para avivar el fuego del desarrollo capitalista, de forma que su desaparición definitiva —y no momentánea, como nosotros pensamos— del proceso de formación del mercado mundial no contribuiría a que la economía capitalista prosperase, como cree Bernstein, sino que la abocaría directamente al estancamiento. A causa de la visión mecanicista que caracteriza a la teoría de la adaptación, Bernstein olvida, tanto la necesidad de las crisis, como la necesidad de nuevas, y cada vez mayores, inversiones de pequeños y medianos capitales, razón por la cual, entre otras cosas, interpreta el continuo renacimiento del capital pequeño como un signo del cese del desarrollo capitalista, y no como una manifestación del desarrollo capitalista normal, que es lo que, en realidad, es.

Existe, sin embargo, un punto de vista desde el cual todos los fenómenos citados se manifiestan tal como los presenta la "teoría de la adaptación": el punto de vista del capitalista *individual*, que ve los hechos de la vida económica distorsionados por las leyes de la competencia. El capitalista individual percibe las diferentes partes orgánicas del todo económico como entidades independientes, y las advierte solamente en la medida que le afectan a él, y por tanto las considera como meros "trastornos" o meros "medios de adaptación". Para el capitalista individual, las crisis son puros trastornos cuya desaparición le otorga un plazo de vida más largo, el crédito es un medio de "adaptar" sus insuficientes fuerzas productivas a las exigencias del mercado, y el cártel al que pertenece elimina realmente la anarquía de la producción.

En una palabra, la teoría de Bernstein de la adaptación del capitalismo no es más que una generalización teórica de las concepciones del capitalista individual. ¿Y qué otra cosa son estas concepciones, en su expresión teórica, sino lo esencial y característico de la economía vulgar burguesa? Todos los errores económicos de esta escuela descansan, precisamente, sobre la equivocación de considerar como propios del conjunto de la economía capitalista ciertos fenómenos de la competencia, tal y como los conoce el capitalista individual. Igual que hace Bernstein con el crédito, la economía vulgar entiende el *dinero* como un ingenioso "medio de adaptación" a las necesidades del intercambio, y busca en los propios fenómenos del capitalismo el antídoto contra los males de este sistema. La economía vulgar cree, al igual que Bernstein, en la *posibilidad* de regular la economía capitalista y, como la teoría bernsteiniana, su objetivo, en última instancia, es la *suavización* de las contradicciones del capitalismo y la reparación de sus heridas. En otras palabras, acaba suscribiendo un modo de proceder reaccionario, en vez de revolucionario, y, por ello, termina en una utopía.

En conjunto, la teoría revisionista se puede caracterizar así: *una teoría del estancamiento del movimiento socialista basada en una teoría del estancamiento capitalista propia de la economía vulgar.*

## SEGUNDA PARTE:
## EL DESARROLLO ECONÓMICO Y EL SOCIALISMO

La mayor conquista de la lucha de clases del proletariado ha sido el descubrimiento de que los cimientos para la realización del socialismo se encuentran en las *relaciones económicas* de la sociedad capitalista. De este modo, el socialismo ha dejado de ser un "ideal" anhelado por la humanidad durante milenios y se ha convertido en una *necesidad histórica.*

Bernstein niega la existencia de estos presupuestos económicos del socialismo en la sociedad contemporánea, y, al razonarlo, él mismo sigue una evolución interesante. Al comienzo, en *Neue Zeit*, se limitaba a negar la rapidez del proceso de concentración de la industria, apoyando su razonamiento en una comparación de datos estadísticos alemanes de 1882 y 1895. Con el objetivo de poder utilizar estos resultados para sus fines, tuvo que recurrir a procedimientos sumarios y mecánicos. Pero, ni en el caso más favorable, con sus referencias a la persistencia de la mediana empresa, pudo Bernstein debilitar las bases del análisis marxista, porque éste no presupone para la realización del socialismo ni un *ritmo* determinado de concentración de la industria, es decir, un *plazo* concreto, ni, como ya hemos mostrado, una *desaparición absoluta* de los pequeños capitales, esto es, de la pequeña burguesía.

Al continuar exponiendo su punto de vista, Bernstein nos surte en su libro de nuevas pruebas, como la *estadística de las sociedades anónimas,* cuyo fin es demostrar que la cantidad de propietarios de acciones aumenta constantemente, por lo que la clase capitalista no se reduce, sino que aumenta. Resulta asombroso comprobar que Bernstein desconoce su material y el poco provecho que le saca.

Si Bernstein trataba de valerse de las sociedades anónimas para refutar la ley marxista del desarrollo industrial, debería haber recurrido a cifras totalmente distintas. Cualquiera que conozca la historia de las sociedades anónimas en Alemania, sabe que el capital inicial medio de éstas se halla en *disminución* casi constante. Así, antes de 1871, este capital importaba unos 10,8 millones de marcos; en 1871, sólo eran 4,01 millones; en 1873, 3,8 millones; de 1883 a 1887, menos de 1 millón; en 1891, ya eran sólo 0,56 millones; y en 1892, 0,62 millones de marcos. Desde entonces, las cantidades oscilan en torno al millón de marcos, cayendo de 1,78 millones, en 1895, a 1,19 en el primer semestre de 1897.

¡Cifras asombrosas! Con ellas podría Bernstein construir,

seguramente, toda una teoría antimarxista del retorno a la pequeña empresa. Sólo que, en este caso, cualquiera podría contestarle: si quiere usted demostrar algo con esa estadística, lo primero que tiene que hacer es probar que se refiere a las *mismas* ramas de la industria y que las pequeñas empresas sustituyen a las grandes, y no a empresas todavía más pequeñas, capitales individuales o talleres artesanales. Pero probar esto es imposible. El aumento estadístico de sociedades anónimas medianas y pequeñas, como único puede explicarse es por el hecho de que el capital por acciones continúa penetrando en *nuevas* ramas de la producción y porque, si bien al principio exclusivamente un pequeño número de grandes empresas adoptaron la forma jurídica de sociedades anónimas, las empresas medianas e, incluso, las pequeñas la fueron adoptando gradualmente. (Hoy día, existen sociedades anónimas con un capital de menos de 1 000 marcos.)

¿Cuál es el significado, desde el punto de vista de la economía política, de la expansión de las sociedades anónimas? La *progresiva socialización de la producción* en su forma capitalista. Y no solamente de la gran producción, también de la mediana y la pequeña. Es decir, la expansión de las sociedades anónimas no sólo no contradice la teoría marxista, sino que la confirma brillantemente.

¿En qué consiste este fenómeno económico de las sociedades anónimas? Por una parte, en la unificación de muchas pequeñas fortunas en un gran capital productivo; por otra parte, en la separación entre la producción y la propiedad del capital, o sea, en una doble superación del modo de producción capitalista, aunque todavía sobre una base capitalista.

Frente a esta consideración, ¿qué significan las estadísticas que Bernstein aporta acerca del gran número de accionistas partícipes de una misma empresa? Significan que, en nuestros días, una empresa capitalista ya no pertenece a un capitalista individual, como antaño, sino a multitud de capitalistas; que, por tanto, el concepto económico de "capitalista" ya no se corresponde con un individuo aislado; que el actual capitalista industrial es una persona colectiva compuesta de cientos y hasta miles de personas físicas; que la propia categoría "capitalista", incluso en el marco del capitalismo, se ha convertido en una categoría social, se ha *socializado*.

¿Cómo es posible que, a la vista de esto, Bernstein entienda el fenómeno de las sociedades anónimas exactamente al revés — como un fraccionamiento, en lugar de como una concentración del capital — y que vea una extensión de la propiedad capitalista donde Marx ve su supresión? Por un error muy simple de la economía vulgar: Bernstein no entiende por *capitalista* una categoría de la producción, sino el derecho de propiedad; no entiende una unidad económica, sino una unidad fiscal; y no entiende el *capital* como un todo dentro de la producción, sino únicamente como fortunas dinerarias. Por eso, en su ejemplo del *trust* inglés del hilo de coser, no ve la fusión de 12 300 personas con dinero en una sola unidad capitalista, sino 12 300 capitalistas diferentes. De esta forma, el ingeniero Schulze se le antoja un capitalista, dado que la dote de su mujer incluyó "una gran cantidad de acciones" (p. 54). Por ello, para Bernstein, los "capitalistas" pululan por el mundo.[25]

Aquí también la ignorancia propia de la economía vulgar le sirve a Bernstein como base teórica para la vulgarización del socialismo. Al transferir el concepto "capitalista" de la esfera de las relaciones de producción al de las relaciones de propiedad y al hablar de "personas, en vez de empresarios" (p. 53), Bernstein transfiere la cuestión del socialismo de la esfera de la producción a la esfera de las relaciones patrimoniales, es decir, de las relaciones entre *capital y trabajo* a las relaciones entre *ricos y pobres*.

De este modo, vamos, felizmente, de Marx y Engels al autor de *El Evangelio del pobre pescador*, con la sola diferencia de que Weitling,[26] provisto de un fino instinto proletario, *reconocía* una forma primitiva de los antagonismos de clase en esa oposición entre ricos y pobres, convirtiendo ésta en una palanca del movimiento socialista, mientras que, por el contrario, Bernstein ve la realización del socialismo en hacer ricos a los pobres, es decir, en el desvanecimiento de los antagonismos de clase en un sentido pequeño-burgués. Es cierto que Bernstein no se limita a estadísticas de ingresos, sino que aporta también otras de empresas de varios países: Alemania, Francia, Inglaterra, Suiza, Austria y Estados Unidos. Pero, ¿qué estadísticas son esas? No son datos de *diferentes períodos* en cada país, sino datos de cada período en los distintos países. Con excepción de Alemania, donde repite su viejo contraste entre 1882 y 1895, Bernstein no compara la estructura de las empresas de un país en momentos distintos, sino sólo las cifras *absolutas* de los diversos países: para Inglaterra, 1891; para Francia, 1894; para Estados Unidos, 1890, etc. La conclusión a la que llega es la siguiente: "Aunque es cierto que actualmente la gran empresa es preponderante en la industria, también lo es que incluso en un país tan desarrollado como Prusia sólo representa, incluyendo las empresas dependientes de ella, la mitad de la población activa en la producción." Lo mismo sucede en Alemania, Inglaterra, Bélgica, etcétera.

Pero lo que Bernstein prueba de este modo no es la existencia de tal o cual *tendencia del desarrollo económico*, sino simplemente la *relación absoluta de fuerzas* entre las diversas formas de empresa, con respecto a las diversas clases de producción. Si a partir de aquí se pretende demostrar la imposibilidad del socialismo, es porque esa demostración se sustenta en una teoría, según la cual el resultado de las luchas sociales depende de la mera correlación numérica de fuerzas, es decir, del momento de la *violencia* pura. Y así, Bernstein, que siempre truena contra el blanquismo,[27] cae en el error blanquista más grave, aunque con la diferencia de que el blanquismo, como tendencia socialista y revolucionaria que es, presupone la posibilidad económica del socialismo y a este fin orienta la revolución violenta, aunque sea la de una ínfima minoría. Por el contrario, Bernstein concluye que la inexistencia de una mayoría numérica socialista imposibilita el socialismo. En realidad, la socialdemocracia no espera alcanzar su objetivo último ni por la violencia victoriosa de una minoría ni por la mera superioridad numérica, sino como resultado de la necesidad económica —y la comprensión de tal necesidad—, que llevará a la supresión del capitalismo por las masas obreras. Y esa necesidad se expresa, sobre todo, en la *anarquía capitalista*.

Respecto de este asunto decisivo de la anarquía en la economía capitalista, Bernstein niega las grandes crisis generales, pero no las parciales y nacionales. O sea, excluye la posibilidad de mucha anarquía, pero admite que se dé alguna. Para Bernstein, a la economía capitalista le ocurre —para usar las palabras de Marx— como a aquella alocada muchacha que tuvo un niño y que se disculpaba diciendo: "sí, pero es uno muy pequeño". Lo malo de esto es que, en cuestiones como la economía, poca o mucha anarquía son igual de malas. Si Bernstein admite la existencia de un poco de anarquía, ya se encargará la propia dinámica de la economía de mercado de aumentarla hasta lo inaudito, hasta llegar al colapso. Pero, si Bernstein espera poder convertir gradualmente ese poquito de anarquía en orden y armonía, conservando, al mismo tiempo, el sistema de producción de mercancías, cae de nuevo en uno de los errores fundamentales de la economía vulgar burguesa, a saber, considerar que el modo de producción y el modo de distribución son independientes el uno del otro.[28]

No es ésta la ocasión para poner de manifiesto en su conjunto la sorprendente confusión que Bernstein muestra en su libro respecto de los principios más elementales de la economía política, pero sí hay que aclarar un punto al que nos conduce la cuestión esencial de la anarquía capitalista.

Bernstein declara que la ley del valor de Marx es una mera abstracción, lo que para él, según su concepción de la economía política, evidentemente es un insulto. Y si sólo es una mera abstracción, una "ilusión mental" (p. 44), entonces todo ciudadano honrado que haya hecho el servicio militar y pague sus impuestos tiene el mismo derecho que Carlos Marx a convertir cualquier disparate en una "ilusión mental", o sea, en su propia ley del valor: "Marx tiene tanto derecho a hacer abstracción de las propiedades de las mercancías hasta dejarlas reducidas finalmente a simples materializaciones de cantidades de trabajo humano, como la escuela de Böhm-Jevons a hacer abstracción de todas las propiedades de las mercancías a excepción de su utilidad"[29] (p. 42).

Es decir, para Bernstein, el trabajo socialmente necesario del marxismo y la utilidad abstracta de Menger son similares: todo es mera abstracción. Bernstein olvida por completo que la abstracción de Marx no es una invención, sino un descubrimiento; que no existe en la cabeza de Marx, sino en la economía de mercado; que su existencia no es imaginaria, sino real y social, tan real que se puede cortar, unir, pesar e imprimir. En su forma más desarrollada, el trabajo humano abstracto descubierto por Marx no es otra cosa que el *dinero*. Éste es, precisamente, uno de los más geniales descubrimientos económicos de Marx, mientras que para toda la economía burguesa, desde el primero de los mercantilistas, hasta el último de los clásicos, la esencia mística del dinero sigue siendo un libro cerrado con siete sellos.

Frente a esto, la utilidad abstracta de la escuela de Böhm-Jevons sí es de hecho una ilusión mental. O, mejor dicho, es un reflejo de la ignorancia, una estupidez de la que no puede hacerse responsable ni al capitalismo ni a ningún otro tipo de sociedad humana, sino solamente a la economía vulgar burguesa. Con esta "ilusión mental" en la cabeza, ya pueden estar Bernstein, Böhm, Jevons y toda la cofradía subjetiva 20 años frente al misterio del dinero, que no llegarán a otra conclusión que la que ya sabe, y sin su ayuda, hasta el último tonto: que el dinero también es una cosa "útil".

Así pues, Bernstein ya no es capaz de entender la ley marxista del valor. Sin embargo, cualquiera que esté algo familiarizado con la doctrina económica marxista, verá claro que sin la ley del valor esta doctrina resulta incomprensible. O, para decirlo más concretamente: sin comprender la naturaleza de la mercancía y la de su intercambio, toda la economía capitalista y sus interrelaciones resultan un misterio.

¿Y cuál fue la llave mágica con la que Marx pudo acceder a los secretos de todos los fenómenos capitalistas, que le permitió resolver, como en un juego, problemas que ni las más sobresalientes eminencias de la economía burguesa clásica, como Smith y Ricardo,[30] llegaron a sospechar? Pues, no fue otra que, precisamente, su concepción de toda la economía capitalista como una manifestación histórica, y no sólo hacia atrás, como en el mejor de los casos podía llegar a reconocer la economía clásica, sino también hacia delante, es decir, no sólo en lo concerniente al pasado feudal, sino también en lo concerniente al *futuro socialista*. El secreto de la teoría marxista del valor, de su análisis del dinero, de su teoría del capital, de su teoría de la tasa de beneficio y, por consiguiente, del conjunto del sistema económico, reside en el carácter transitorio de la economía capitalista, esto es, en la inevitabilidad —y he aquí su reverso— de que su colapso conduzca al socialismo. Si Marx pudo descifrar los jeroglíficos de la economía capitalista fue, en esencia, y, únicamente, porque se enfrentó a éstos desde un punto de vista socialista, o sea, *desde una perspectiva histórica*. Y, justamente, también por abordar desde un punto de vista socialista el análisis de la sociedad burguesa, pudo, asimismo, fundamentar desde el punto de vista científico el socialismo.

Con este prisma hay que interpretar las observaciones que Bernstein hace al final de su libro, cuando lamenta "el dualismo presente en toda la obra monumental de Marx [*El capital*][31]", un dualismo "consistente en que la obra quiere ser un estudio científico y, al mismo tiempo, demostrar una tesis ya elaborada con anterioridad a la realización del libro, es decir, se basa en un esquema que contiene de antemano el resultado al que debería llevar el desarrollo de la obra. La vuelta al *Manifiesto comunista* [esto es, ¡al objetivo último socialista![32] ] demuestra la persistencia de restos de utopismo en la doctrina marxista" (p. 177).

Pero el "dualismo" marxista no es otra cosa que el dualismo del futuro socialista y el presente capitalista, del capital y el trabajo, de la burguesía y el proletariado; es el monumental reflejo científico del *dualismo existente en el orden social capitalista, de sus antagonismos de clase.*

Y si Bernstein no advierte en este dualismo teórico de Marx más que "restos de utopismo", ello no es más que una confesión ingenua de que niega las contradicciones de clase en la sociedad burguesa y de que, para él, el socialismo también es un "resto de utopismo". El "monismo", es decir, la ordenación dada por Bernstein, es para él la unidad eterna del capitalismo, la ordenación de un antiguo socialista que ha renunciado a su objetivo último y ha acabado viendo en la sociedad burguesa, única e inmutable, la culminación del desarrollo humano.

Al no ver en la estructura misma del capitalismo el desarrollo hacia el socialismo, Bernstein tiene que recurrir —a fin de salvar el programa socialista, siquiera sea en la forma— a una construcción idealista, ajena al desarrollo económico, para así poder convertir el socialismo, de una fase histórica concreta del desarrollo social en un "principio" abstracto.

A la vista de esto, el *principio cooperativista* —esa sutil "quintaesencia" del objetivo último socialista con la que Bernstein quiere adornar la economía capitalista— ya no aparece como una concesión de su teoría burguesa al futuro socialista de la sociedad, sino como una concesión al pasado socialista... de Bernstein.

### Sindicatos, Cooperativas y Democracia Política

Ya hemos visto que el socialismo de Bernstein consiste en un plan para que los trabajadores participen en la riqueza social, para convertir a los pobres en ricos. ¿Cómo se llevará a la práctica? Sus

artículos en *Neue Zeit* —titulados "Problemas del socialismo"—
apenas contienen algunas vagas referencias a esta cuestión, pero,
en cambio, en su libro da respuestas satisfactorias. Su socialismo
se realizará gracias a dos instrumentos: los sindicatos —o, como
él los llama, la democracia económica— y las cooperativas. Por
medio de los primeros pretende acabar con los beneficios
industriales; mediante las segundas, con los beneficios
comerciales (p. 118).

Las cooperativas, sobre todo las cooperativas de producción,
constituyen un *híbrido* en el seno de la economía capitalista, son
pequeñas unidades de producción socializada dentro de la
distribución capitalista. Pero, en la economía capitalista, la
distribución domina la producción y, a causa de la competencia,
la completa dominación del proceso de producción por los
intereses del capital —o sea, la explotación más despiadada— se
convierte en una condición imprescindible para la supervivencia
de una empresa.

Esto se manifiesta en la necesidad de, en razón de las
exigencias del mercado, intensificar todo lo posible los ritmos de
trabajo, alargar o acortar la jornada laboral, necesitar más mano
de obra o ponerla en la calle…, en una palabra, practicar todos los
métodos ya conocidos que hacen competitiva a una empresa
capitalista. Y al desempeñar el papel de empresario, los
trabajadores de la cooperativa se ven en la contradicción de tener
que regirse con toda la severidad propia de una empresa, incluso
contra sí mismos, contradicción que acaba hundiendo la
cooperativa de producción, la cual o se convierte en una empresa
capitalista normal o, si los intereses de los obreros predominan, se
disuelve.

Tales son los hechos que el propio Bernstein constata, pero no
entiende, puesto que, junto a la señora Potter-Webb,[33] atribuye la
decadencia de las cooperativas inglesas de producción a la falta
de "disciplina". Pero, lo que tan superficialmente y a la ligera se
califica como "disciplina", no es más que el régimen absolutista

propio del capitalismo, que los obreros no pueden imponerse a sí mismos.[34]

De esto se sigue que las cooperativas de productores, únicamente, pueden sobrevivir dentro de la economía capitalista cuando, valiéndose de un subterfugio, consiguen resolver la contradicción que les es inherente entre modo de producción y modo de distribución, o sea, en la medida en que consiguen substraerse artificialmente a las leyes de la libre competencia. Y esto sólo pueden lograrlo asegurándose de antemano un círculo fijo de consumidores, es decir, un mercado. El medio para ello es la *cooperativa de consumo*. En esto —y no en la distinción entre cooperativas de compra y cooperativas de venta, hecha por Oppenheimer[35]— es, precisamente, donde reside el secreto, que Bernstein anhelaba descubrir, de por qué las cooperativas de producción independientes se hunden y únicamente sobreviven cuando están respaldadas por una cooperativa de consumo.

Pero, si las condiciones esenciales de existencia de las cooperativas de producción en la sociedad actual, dependen de las condiciones de existencia de las cooperativas de consumo, entonces las primeras se tienen que limitar, en el mejor de los casos, a pequeños mercados locales y a artículos de primera necesidad, en especial, productos alimenticios. Las ramas más importantes de la producción capitalista, es decir, las industrias textil, del carbón, metalúrgica y petrolífera, así como la construcción de maquinaria, locomotoras y los astilleros, están cerradas a las cooperativas de consumo y, por tanto, también a las de producción. O sea, que las cooperativas de producción (dejando al margen su carácter híbrido) tampoco sirven como instrumento para una transformación social general, porque su implantación a escala mundial supondría la abolición del mercado mundial y la disolución de la economía mundial contemporánea en pequeños grupos locales de producción e intercambio; esto es, por su propia esencia representarían un retroceso desde la economía altamente desarrollada del capitalismo a la economía mercantil medieval.

Pero, incluso dentro de los límites de su posible realización en la sociedad contemporánea, las cooperativas de producción se ven reducidas a meros apéndices de las cooperativas de consumo, que con ello se ven situadas en primer plano como agentes de la reforma social propuesta. De este modo, toda la reforma social deja de ser una lucha contra el capital productivo, contra el tronco principal de la economía capitalista, y se convierte en una lucha contra el capital comercial, sobre todo contra el pequeño y el mediano capital comercial, es decir, en una lucha contra unas meras "ramitas" del árbol capitalista.

Por lo que hace a los sindicatos, que según Bernstein han de convertirse en un medio contra la explotación del capital productivo, ya hemos explicado que no están en situación de asegurar a los trabajadores ninguna influencia decisiva en el proceso de producción, ni en cuanto al *volumen* de la misma ni en cuanto a sus *técnicas*.

Con respecto al aspecto puramente económico —"la lucha de la tasa de salario contra la tasa de beneficio", como lo denomina Bernstein—, esta lucha no se libra, como ya se ha explicado también, a campo abierto, sino dentro de los bien definidos límites de la ley del salario, ley que esta lucha no consigue romper, sino a lo sumo hacer cumplir. Esta observación resulta clara también si se examina el problema desde la perspectiva de las funciones reales de los sindicatos.

Bernstein les atribuye, dentro de la lucha general de la clase obrera por su emancipación, el auténtico ataque contra la tasa de beneficio, transformándola poco a poco en "tasa de salario". Pero el hecho es que los sindicatos no están en situación de realizar ninguna ofensiva de carácter económico contra el beneficio, porque no son más que la *defensa* organizada de la fuerza de trabajo contra los ataques del capital, es decir, expresan la resistencia de la clase obrera contra la opresión de la economía capitalista. Y ello por dos motivos: En primer lugar, porque si la misión de los sindicatos es utilizar su organización para influir sobre la situación del mercado de la mercancía "fuerza de trabajo", esa influencia se ve superada de continuo a causa del proceso de proletarización de las capas medias, que hace afluir constantemente nueva mercancía al mercado. En segundo lugar, porque si los sindicatos se proponen la elevación del nivel de vida, el aumento de la parte de la clase obrera en la riqueza social, esta parte se ve reducida de continuo, con lo inevitable de un proceso de la naturaleza, a causa del aumento de la productividad del trabajo. No es preciso ser un marxista para darse cuenta de esto, basta con haber hojeado alguna vez *Sobre la cuestión social*, de Rodbertus.[36]

En otras palabras, los procesos objetivos de la sociedad capitalista transforman estas dos funciones económicas principales de los sindicatos en una especie de trabajo de Sísifo,[37] trabajo que, sin embargo, resulta imprescindible para que el trabajador pueda llegar a obtener la tasa de salario que le corresponde, según la situación del mercado de trabajo, para que se realice la ley capitalista del salario y para paralizar —o, más exactamente, atenuar— los efectos de la tendencia descendente del desarrollo económico.

Pero, la conversión de los sindicatos en un instrumento para la reducción paulatina del beneficio en favor del salario presupone las condiciones sociales siguientes:

1. La paralización de la proletarización de las clases medias y del crecimiento de la clase obrera.

2. La paralización del incremento de la productividad del trabajo. Es decir, en ambos casos —y al igual que con las teorías cooperativistas—, requiere *un retroceso a condiciones anteriores a las del capitalismo desarrollado.*

Por tanto, los dos medios de reforma bernsteinianos —las cooperativas y los sindicatos— son en su totalidad insuficientes para transformar el *modo de producción capitalista.* Bernstein intuye esto oscuramente y toma estas proposiciones como meros medios para arañar algo del *beneficio* capitalista, a fin de enriquecer, de esta manera, a los trabajadores. De esta forma, renuncia a la lucha contra el *modo de producción capitalista* y orienta el movimiento socialdemócrata a la lucha contra la *distribución capitalista*. En su libro, Bernstein define repetidamente su socialismo como la aspiración a una distribución "justa", "más justa" e, incluso, "todavía más justa", y en el *Vorwärts*[38] —26 de marzo de 1899— vuelve a repetirlo.

No se puede negar que el principal motivo que lleva a las masas populares al movimiento socialdemócrata es el reparto "injusto" propio del orden capitalista. Al luchar por la socialización de toda la economía, la socialdemocracia lucha, al mismo tiempo, por una distribución "justa" de la riqueza social. La única diferencia es que, gracias a las concepciones del marxismo de que la forma de distribución es una consecuencia natural del modo de producción, la socialdemocracia no lucha para cambiar la forma de distribución dentro del contexto de la producción capitalista, sino para abolir la producción capitalista misma. En una palabra, la socialdemocracia trata de implantar la *distribución socialista* por medio de la eliminación del *modo de producción capitalista*, mientras que la propuesta de Bernstein resulta, justamente, lo contrario: luchar contra la *distribución capitalista* con la esperanza de así implantar paulatinamente el *modo de producción socialista*.

Y, en este caso, ¿en qué fundamenta Bernstein su reforma social? ¿En determinadas tendencias de la producción capitalista? De ningún modo, puesto que, en primer lugar, Bernstein niega esas tendencias y, en segundo lugar, porque para él la transformación de la producción es efecto, y no causa, de la distribución. Por tanto, la justificación de *su* socialismo no puede ser económica. Al haber invertido el orden de fines y medios, y con ello las relaciones económicas, Bernstein no *puede* cimentar su programa sobre fundamentos materialistas, sino que está *obligado* a recurrir a fundamentos idealistas.

"¿Por qué razón hay que derivar el socialismo de la necesidad económica?", dice Bernstein. "¿Por qué razón hay que degradar *la inteligencia, el espíritu de justicia, la voluntad* del hombre?" (*Vorwärts*, 26/3/1899). Para Bernstein, la distribución justa que propone no será consecuencia de la necesidad económica, sino del libre albedrío del hombre; o más precisamente, dado que la voluntad misma no es más que un instrumento, será consecuencia de la comprensión de la justicia, en resumen, de la *idea de justicia*.

Y así hemos, felizmente, llegado al principio de justicia, la vieja montura sobre la que cabalgan desde hace milenios, a falta de un medio de transporte histórico más seguro, todos los redentores del mundo, el Rocinante escuchimizado sobre el cual todos los Don Quijotes de la historia han galopado hacia la gran reforma mundial, sin sacar, al final, nada en limpio, excepto algunos varapalos.

La relación entre ricos y pobres como base social del socialismo, el "principio" del cooperativismo como su contenido, la "más justa distribución" como su objetivo, la idea de justicia como su única legitimación histórica... Hace ya más de 50 años que Weitling defendió *ese tipo* de socialismo con mucha más fuerza, mucho más espíritu y mayor brillantez. Hay que recordar que aquel sastre genial aún no conocía el socialismo científico. En cambio, la tarea de remendar y ofrecer hoy día al proletariado alemán, como si fuera la última palabra de la ciencia, aquel socialismo de Weitling, que Marx y Engels hicieron trizas en su tiempo, también requiere un sastre... pero nada genial.

Así como sindicatos y cooperativas son los pilares económicos del revisionismo, su presupuesto *político* más importante es el continuo y progresivo desarrollo de la *democracia*. Los actuales estallidos reaccionarios se le antojan al revisionismo meros "respingos" casuales y pasajeros, que pueden ser ignorados a la hora de establecer las pautas generales de la lucha del movimiento obrero.[Lo importante, sin embargo, no es la idea que Bernstein, por las seguridades orales o escritas que le hayan dado sus amigos, se hace de la reacción, sino qué conexión interna y objetiva existe entre la democracia y el desarrollo social real.][39]

Para Bernstein, la democracia es una etapa inevitable en el desarrollo de la sociedad moderna. Para él, como para los teóricos burgueses del liberalismo, la democracia es la gran ley fundamental del desarrollo histórico, y todas las fuerzas de la vida política deben estar al servicio de su realización. Pero, expresada de este modo absoluto, tal cosa es completamente falsa y no pasa de ser una esquematización pequeño-burguesa y superficial de los resultados de un breve período del desarrollo burgués, los últimos 25-30 años. Si se examina un poco más de cerca el desarrollo histórico de la democracia, y, al mismo tiempo, se considera la historia política del capitalismo, la conclusión es muy distinta.

La democracia se encuentra en las formaciones sociales más diversas: en las sociedades comunistas primitivas, en los estados esclavistas de la Antigüedad y en las comunas urbanas medievales. Asimismo, nos podemos encontrar con el absolutismo y la monarquía constitucional en los contextos económicos más diversos. Por otra parte, el capitalismo, en sus inicios como producción mercantil, dio lugar a una concepción democrática en las comunas urbanas medievales; con posterioridad, al adquirir una forma madura, como manufactura, encontró en la monarquía absoluta su forma política correspondiente; y, por último, ya como economía industrial desarrollada, dio origen, en Francia, alternativamente, a la república democrática (1793), la monarquía absoluta de Napoleón I, la monarquía aristocrática de la época de la Restauración (1815-1830), la monarquía constitucional burguesa de Luis Felipe, otra vez la república democrática, después la monarquía de Napoleón III y, finalmente, por tercera vez, la república.

En Alemania, la única institución verdaderamente democrática, el sufragio universal, no es una conquista del liberalismo burgués, sino un instrumento para la fusión política de los pequeños estados, y, únicamente, en esa medida tiene alguna importancia para el desarrollo de la burguesía alemana, que por lo demás se contenta con una monarquía constitucional semi-feudal. En Rusia, el capitalismo prosperó durante mucho tiempo bajo la autocracia oriental, sin que la burguesía haya dado ni la más pequeña muestra de desear la democracia. En Austria, el sufragio universal más bien parece el salvavidas de una monarquía que se hunde y descompone. [Y en qué escasa medida implica este sufragio una democracia auténtica lo demuestra la vigencia del párrafo 14.][40] Por último, en Bélgica, la conquista por el proletariado del sufragio universal se debió, sin duda, a la debilidad del militarismo, es decir, a la especialísima situación político-geográfica del país, y no es una "porción de democracia" conquistada *por* la burguesía, sino *contra* la burguesía.

El progreso ininterrumpido de la democracia, que, tanto nuestro revisionismo, como el liberalismo burgués consideran como la gran ley fundamental de la historia humana, al menos de la moderna, analizado con más detalle resulta una quimera. No se puede establecer ningún vínculo general y absoluto entre desarrollo capitalista y democracia. La forma política siempre es el resultado de la suma total de los factores políticos internos y externos, y abarca toda la escala de regímenes políticos, desde la monarquía absoluta, hasta la república democrática.

Por tanto, debemos rechazar el esquema de una democratización progresiva como ley general del desarrollo histórico, incluso en el marco de la sociedad moderna. Contemplando la fase actual de la sociedad burguesa, podemos observar factores políticos que no solamente no confirman la opinión de Bernstein, sino que más bien se orientan hacia el abandono, por la sociedad burguesa, de las conquistas democráticas alcanzadas hasta la fecha.

Por una parte, las instituciones democráticas —y esto es muy importante— ya han cumplido, en gran medida, la función que les correspondía en el desarrollo burgués. Del mismo modo en que fueron necesarias para la unificación de los pequeños estados y el establecimiento de los grandes países modernos (Alemania, Italia), ya han dejado de ser imprescindibles en la actualidad. El desarrollo económico ha ocasionado, entretanto, una unión orgánica interna [con lo que ya se puede quitar el vendaje de la democracia, sin peligro para el organismo de las sociedades burguesas.][41]

Lo mismo cabe decir respecto de la transformación de toda la maquinaria político-administrativa del Estado, que ha dejado de ser un mecanismo semi-feudal o completamente feudal y se ha convertido en capitalista. Esta transformación, inseparable históricamente de la democracia, ha alcanzado hoy día un grado tan elevado, que se podrían eliminar todos los ingredientes puramente democráticos de la vida política, como el sufragio universal o la forma republicana del Estado, sin que la administración, las finanzas públicas o la organización militar tuvieran que retornar a las formas anteriores a la revolución de marzo.[42]

De este modo, resulta que el liberalismo como tal se ha hecho superfluo para la sociedad burguesa, e, incluso, en muchos aspectos se ha convertido en un verdadero obstáculo. Aparecen aquí dos factores que dominan por completo el conjunto de la vida política de los países contemporáneos: la *política mundial* y el *movimiento obrero*, que son distintos aspectos de la fase actual del desarrollo capitalista.

Como consecuencia del desarrollo de la economía mundial, y la agudización y generalización de la lucha competitiva en el mercado mundial, el militarismo y la supremacía naval se han convertido, como instrumentos de la política mundial, en factores decisivos, tanto de la política interior, como de la exterior de los grandes estados. Y si la política mundial y el militarismo son una tendencia *ascendente* en la presente fase del capitalismo, la consecuencia será que la democracia burguesa se moverá, lógicamente, en una línea *descendente*. [El ejemplo más convincente: la Unión americana después de la guerra con España. En Francia, la República subsiste gracias, en lo fundamental, a la situación política internacional, que de momento hace imposible una guerra. Si ésta estallase y, como es de suponer según todos los indicios, resultara que Francia no estaba suficientemente armada conforme a las pautas mundiales, la respuesta a la primera derrota francesa en el campo de batalla sería la proclamación de la monarquía en París. En Alemania, la nueva era del armamentismo a gran escala (1893) y la política mundial inaugurada en Kiao-chou,[43] se cobraron, de inmediato, dos víctimas de la democracia burguesa: el desmoronamiento del centro[44] y la decadencia del liberalismo.][45]

Si la política exterior arroja a la burguesía en brazos de la reacción, otro tanto le sucede con la interior, a causa del ascenso de la clase obrera. El propio Bernstein lo reconoce, al responsabilizar de la deserción de la burguesía liberal a la "leyenda de la voracidad" socialdemócrata,[46] es decir, a los esfuerzos socialistas de la clase obrera. En consecuencia, Bernstein aconseja al proletariado abandonar su aspiración socialista, para conseguir sacar de la madriguera reaccionaria a un liberalismo asustado de muerte. Pero, al convertir la abolición del movimiento obrero socialista en condición vital y presupuesto social de la democracia burguesa, Bernstein demuestra también del modo más convincente que esta democracia contradice la tendencia interna de desarrollo de la sociedad contemporánea y que el movimiento obrero *socialista* es un *producto directo* de esa tendencia.

Además, al convertir la renuncia al objetivo último del socialismo en condición esencial para el resurgimiento de la democracia burguesa, Bernstein demuestra otra cosa: en qué escasa medida esa democracia burguesa es condición necesaria para el movimiento socialista y su victoria. En este momento, el razonamiento de Bernstein se convierte en un círculo vicioso, su conclusión "devora" a su premisa.

La salida de este círculo es muy sencilla: una vez constatado que, aterrorizado ante el movimiento obrero ascendente y sus fines últimos, el liberalismo burgués ha vendido su alma al Diablo, se puede concluir que el movimiento obrero socialista es en la actualidad el *único* apoyo de la democracia y que la suerte del movimiento socialista no depende de la democracia burguesa, sino que es la suerte de la democracia la que depende del movimiento socialista. Esto es, la democracia no es más viable en la medida en que la clase obrera abandona la lucha por su emancipación, sino en la medida en que el movimiento socialista se robustece lo suficiente para hacer frente a las consecuencias reaccionarias de la política mundial y del abandono burgués de la democracia. Por tanto, quien desee el fortalecimiento de la democracia también debe querer el fortalecimiento del movimiento socialista, y no su debilitamiento; quien abandona la lucha por el socialismo, abandona también el movimiento obrero y la democracia.

[Al final de su "respuesta" a Kautsky, en el *Vorwärts* − 26 de marzo de 1899−, Bernstein explica que está completamente de acuerdo con la parte práctica del programa de la socialdemocracia y que sólo tiene algo que objetar a la parte teórica. Al margen de esto, Bernstein cree poder marchar con pleno derecho junto al partido, pues ¿qué "importancia" puede tener que "en la parte teórica" haya alguna frase que no concuerda con su concepción del proceso? En el mejor de los casos, esta explicación muestra hasta qué punto Bernstein ha perdido el sentido de la conexión entre la actividad práctica de la socialdemocracia y sus fundamentos generales, hasta qué punto las palabras mismas han dejado de tener igual significado para el partido y para Bernstein. En realidad, como hemos visto, las teorías de Bernstein conducen a la elemental evidencia socialdemócrata de que sin fundamentos teóricos la lucha política práctica carece de sentido, de que el abandono del *objetivo último socialista* hace desaparecer también el propio *movimiento*.][47]

## La Conquista del Poder Político

Como se ha comprobado, la suerte de la democracia está ligada a la del movimiento obrero. ¿Quiere esto decir que, en el mejor de los casos, el desarrollo de la democracia hace innecesaria o imposible una revolución proletaria, en el sentido de apropiación del poder del Estado, de conquista del poder político?

Bernstein contesta a esta cuestión ponderando minuciosamente el lado bueno y el lado malo de la reforma y de la revolución, y lo hace con tal mimo y parsimonia que parece estar despachando especias en una de sus cooperativas de consumo. Para Bernstein, si el desarrollo histórico transcurre por el curso legal, será consecuencia de la "inteligencia", y si transcurre por el revolucionario, del "sentimiento". En la actividad política reformista percibe un método lento de progreso histórico; en la revolucionaria, uno rápido. En la legislación advierte una fuerza metódica; en la revolución, una fuerza espontánea (p. 183).

Es sabido que el reformador pequeño burgués distingue en todo una parte "buena" y otra "mala" y que le gusta picar de todos los platos. Pero, la marcha real de los acontecimientos no se ve afectada por tales combinaciones y, de un manotazo, manda a los cuatro vientos los montoncitos cuidadosamente hacinados de "lados buenos" de todas las cosas del mundo. Históricamente, la reforma legal o la revolución se producen por razones más profundas que las ventajas o los inconvenientes de un procedimiento u otro.

En la historia de la sociedad burguesa, la reforma legal sirvió para fortalecer paso a paso a la clase ascendente, hasta que ésta se sintió lo bastante fuerte como para conquistar el poder político, derribar la totalidad del sistema jurídico existente y crear uno nuevo. Bernstein truena contra la conquista del poder político, a la que considera como una violenta teoría blanquista, e incurre así en la desgracia de considerar como un error blanquista lo que no es más que la piedra angular y fuerza motriz de la historia humana durante siglos. Desde la aparición de la sociedad de clases, cuyo contenido esencial es la lucha entre esas clases, la conquista del poder político siempre es el objetivo de toda clase ascendente. Éste es, al mismo tiempo, el principio y el final de cada período histórico. Así, en la antigua Roma, vemos la prolongada lucha del campesinado contra los financieros y la nobleza; en las ciudades medievales, la lucha de los artesanos contra la nobleza; y en la Edad Moderna, la lucha de la burguesía contra el feudalismo.

La reforma y la revolución no son, por tanto, distintos métodos de progreso histórico, que puedan optarse libremente en el mostrador de la historia, como cuando se eligen salchichas calientes o frías, sino que son *momentos* distintos en el desarrollo de la sociedad de clases, que se condicionan y complementan entre sí, y, a la vez, se excluyen mutuamente, como el Polo Norte y el Polo Sur, o la burguesía y el proletariado.

Toda constitución legal no es más que un *producto* de la revolución. En la historia de las clases, la revolución es el acto político creador, mientras la legislación sólo expresa la pervivencia política de una sociedad. La reforma legal no posee impulso propio, independiente de la revolución, sino que en cada período histórico se mueve en la dirección marcada por el empujón de la última revolución y mientras ese impulso dure. O, dicho más concretamente: sólo se mueve en el *contexto* del orden social establecido por la última revolución. Éste es el punto crucial de la cuestión.

Es en lo absoluto falso y completamente antihistórico considerar las reformas como una revolución ampliada y, a su vez, la revolución como una serie de reformas concentradas. La reforma y la revolución no se distinguen por su *duración*, sino por su *esencia*. Todo el secreto de los cambios históricos a través de la utilización del poder político, reside, precisamente, en la transformación de cambios meramente cuantitativos en una cualidad nueva; dicho más concretamente, en la transición de un período histórico —un orden social— a otro.

Por tanto, quien se pronuncia por el camino reformista *en lugar de* y *en oposición a* la conquista del poder político y a la revolución social, no elige, en realidad, un camino más tranquilo, seguro y lento hacia el *mismo* objetivo, sino un objetivo *diferente*: en lugar de la implantación de una nueva sociedad, prefiere unas modificaciones insustanciales de la antigua. De este modo, siguiendo las concepciones políticas del revisionismo, se llega a la misma conclusión que estudiando sus teorías económicas: no busca la realización del *socialismo,* sino la reforma del *capitalismo;* no busca la supresión del sistema de trabajo asalariado, sino la disminución de la explotación. En resumen, no busca la supresión del capitalismo, sino la atenuación de sus abusos.

¿Cabe pensar que lo dicho sobre la función de la reforma o de la revolución sólo sea aplicable a la lucha de clases del pasado? ¿Es posible que de ahora en adelante, gracias al perfeccionamiento del sistema jurídico burgués, las reformas legislativas sean la vía para que la sociedad pase de una fase histórica a otra y que, por tanto, la conquista del poder del Estado por parte del proletariado se haya convertido en "una frase sin sentido", como dice Bernstein en su libro?

La realidad es justamente lo contrario. ¿Qué distingue a la sociedad burguesa de las sociedades de clase precedentes, la antigua y la medieval? Precisamente, la circunstancia de que la dominación de clase actual no descansa sobre unos "derechos adquiridos", sino sobre *relaciones económicas materiales,* sobre el hecho de que el trabajo asalariado no es una relación jurídica, sino puramente económica. En todo nuestro ordenamiento jurídico no se encuentra ni una sola fórmula legal que refleje la actual dominación de clase. Las pocas trazas que hay de ello son reminiscencias feudales, como es el caso de las ordenanzas del servicio doméstico.

¿Cómo es posible, por tanto, eliminar la esclavitud asalariada por "medios legales" cuando no encuentra expresión jurídica alguna? Bernstein, que pretende poner fin al capitalismo a través de reformas legales, se encuentra en la situación de aquel policía ruso cuya aventura cuenta Uspienski: "Rápidamente echó mano al cuello del tipo y, ¿qué sucedió? ¡Que el condenado no tenía cuello!" Este es, en esencial, el problema de Bernstein. "La historia de todas las sociedades hasta nuestros días es la historia de las luchas de clases" *(El manifiesto comunista)*. Pero, en las fases anteriores a la sociedad moderna, este antagonismo se expresaba en ciertas relaciones jurídicas y, por este motivo, las nuevas relaciones podían ser acomodadas, hasta cierto punto, en el marco de las antiguas.

"El siervo, en pleno régimen de servidumbre, llegó a miembro de la comuna" *(Ibídem)*. ¿Cómo fue posible? A través de la paulatina eliminación, en el ámbito municipal, de todos los restos de privilegios feudales (prestaciones personales, contribuciones, vestimenta, diezmos y primicias, monedajes, matrimonios forzados, derecho de herencia, etc.) que conformaban la servidumbre. Asimismo, "el pequeño burgués llegó a elevarse a la categoría de burgués bajo el yugo del absolutismo feudal" *(Ibídem)*. ¿De qué modo? Por mediación de la eliminación parcial formal o por la suavización efectiva de los lazos gremiales, a través de la paulatina transformación de la administración, la hacienda y el ejército, en la medida en que fue estrictamente necesario.

Examinando esta cuestión desde un punto de vista abstracto, en lugar de hacerlo históricamente, cabe, al menos, *imaginar* una transición legal y reformista desde la sociedad feudal a la burguesa, conforme a los esquemas revisionistas. Pero, ¿qué se desprende de ello en realidad? Que tampoco en esa transición consiguieron las reformas hacer innecesaria la conquista del poder político por la burguesía, sino que la prepararon y llevaron a cabo. Tanto para la abolición de la servidumbre, como para la eliminación del feudalismo fue imprescindible una transformación político-social completa.

Las cosas son muy distintas en la actualidad. No es la ley, sino la necesidad y la carencia de medios de producción, los que obligan al proletario a someterse al yugo del capital. Y no hay ley en el mundo que, en el marco de la sociedad burguesa, pueda darle al proletariado esos medios de producción, porque no fue la ley la que le privó de ellos, sino el desarrollo económico.

Además, tampoco la explotación mediante las relaciones salariales depende de leyes, puesto que el nivel de los salarios no se decide por medio de regulaciones legales, sino de factores económicos. La explotación capitalista no descansa sobre disposiciones jurídicas, sino sobre la circunstancia puramente económica de que la fuerza de trabajo es una mercancía que, entre otras, posee la cómoda particularidad de producir valor, *más* valor del consumido en el mantenimiento del trabajador. En resumen, las relaciones fundamentales que sustentan la dominación de clase capitalista, no pueden transformarse por mediación de reformas legales dentro de la propia sociedad burguesa, porque ni esas relaciones se han introducido mediante leyes burguesas ni han recibido la forma de tales leyes. Bernstein no está consciente de esto cuando plantea una "reforma socialista", pero, aun ignorándolo, no deja de reconocerlo implícitamente en su libro (p. 10), cuando escribe que "el motivo económico se muestra hoy abiertamente, mientras que anteriormente aparecía enmascarado bajo todo tipo de relaciones de dominación e ideologías".

Pero, incluso hay más. La otra peculiaridad del orden capitalista es que todos los elementos de la futura sociedad que en él existen asumen, al inicio, una forma que no los aproxima al socialismo, sino que los aleja de éste. Cada vez se acentúa más el carácter social de la producción. ¿Bajo qué forma? Bajo la forma de gran empresa, sociedad anónima y cártel, en los que los antagonismos del capitalismo, la explotación y la opresión de la fuerza de trabajo, se elevan al máximo.

El desarrollo capitalista apunta, en el ejército, hacia la generalización del servicio militar obligatorio y la reducción del tiempo de servicio, es decir, desde un punto de vista material, hacia un acercamiento al ejército popular, pero bajo la forma del militarismo moderno, donde la dominación del pueblo por medio del Estado militarista pone al descubierto, del modo más crudo posible, el carácter de clase del Estado.

En cuanto a los factores políticos, el desarrollo de la democracia conduce, en la medida que encuentra condiciones favorables, a la participación de todas las capas populares en la vida política, o sea, en cierto modo, a una especie de "Estado popular". Pero esta participación adopta la forma del parlamentarismo burgués, donde los antagonismos y la dominación de clase no desaparecen, sino que se manifiestan con más claridad. Dado que todo el desarrollo capitalista se mueve a través de contradicciones, para poder extraer el meollo socialista de su vaina capitalista antagónica, el proletariado debe conquistar el poder político y eliminar completamente el capitalismo.

Por supuesto, las conclusiones de Bernstein son otras. Si el desarrollo de la democracia llevara a una agudización de las contradicciones capitalistas, y no a un debilitamiento, entonces, nos dice, "la socialdemocracia, para no hacerse más difícil su tarea, tendría que esforzarse por hacer fracasar las reformas sociales y la extensión de las instituciones democráticas, en la medida que pudiera" (p. 71). De seguro, esto sería lo correcto si la socialdemocracia, conforme al modelo pequeño-burgués, encontrara placer en la tarea inútil de elegir los lados buenos de la historia y eliminar los malos. Pero, entonces, en consecuencia, también tendría que "esforzarse por hacer fracasar" el capitalismo, porque *éste* es, sin duda alguna, el principal malvado que obstaculiza el camino del socialismo. En realidad, el capitalismo ofrece, además de los *obstáculos,* las únicas *posibilidades* de realizar el programa socialista. Otro tanto se puede decir de la democracia.

Si para la burguesía la democracia ha llegado a ser innecesaria o molesta, precisamente, por eso mismo es necesario e imprescindible para el proletariado. En primer lugar, porque crea las formas políticas (auto-administración, derecho de voto, etc.) que pueden servirle de puntos de apoyo en su tarea de transformar la sociedad burguesa. En segundo lugar, porque sólo a través de la lucha por la democracia y del ejercicio de los derechos democráticos, puede el proletariado llegar a ser consciente de sus intereses de clase y de sus tareas históricas.

En una palabra, no es que la democracia sea imprescindible porque haga *innecesaria* la conquista del poder político por el proletariado, sino porque convierte esa conquista del poder, tanto en una *necesidad*, como en una *posibilidad*. Cuando Engels, en su prólogo a *Las luchas de clases en Francia,* revisó las tácticas del movimiento obrero actual y opuso a las barricadas la lucha legal, de lo que estaba hablando, *como así se desprende de cada línea de dicho prólogo,* era de la lucha cotidiana actual, de la actitud del proletariado en el *marco* del Estado capitalista; no hablaba de la conquista definitiva del poder político ni de la actitud del proletariado frente al Estado capitalista en el momento de la conquista del poder. Es decir, Engels estaba dando directrices al proletariado *dominado,* no al triunfante.

Por el contrario, la famosa sentencia de Marx sobre la cuestión del suelo en Inglaterra —"probablemente lo más barato sería indemnizar a los terratenientes"[48]—, que Bernstein cita, no se refiere al comportamiento del proletariado antes de la victoria, sino *después*, puesto que, únicamente, cabe hablar de "indemnizar" a la vieja clase dominante cuando la clase obrera está en el poder. Lo que Marx consideraba aquí era la posibilidad del *ejercicio pacífico de la dictadura del proletariado,* y no la sustitución de la dictadura por reformas sociales de carácter capitalista.

La necesidad de la conquista del poder político por parte del proletariado siempre estuvo fuera de toda duda para Marx y Engels. Quedó reservado para Bernstein el honor de considerar el gallinero del parlamentarismo burgués como el órgano destinado a realizar el cambio social más imponente de la historia: la transformación de la sociedad *capitalista* en otra *socialista*.

Pero Bernstein empieza su teoría con el temor de que el proletariado tome el poder demasiado *pronto*. De suceder esto, el proletariado, según Bernstein, debería dejar las condiciones de la sociedad burguesa como están y, en consecuencia, sufrir una derrota terrible. Lo que se deduce claramente de este temor es que, en el caso de que las circunstancias llevaran al proletariado al poder, la teoría de Bernstein no le ofrece más que un consejo "práctico": echarse a dormir. Su teoría condena al proletariado a la inactividad en las situaciones más decisivas de la lucha, es decir, a la traición pasiva a la propia causa.

Nuestro programa sería sólo un papelucho miserable si no nos sirviera para *todas* las eventualidades y *todos* los momentos de la lucha, o si únicamente nos sirviera para *abandonarlo*, en vez de para *aplicarlo*. Si nuestro programa contiene la formulación del desarrollo histórico de la sociedad desde el capitalismo al socialismo, también debe formular, en sus rasgos fundamentales, todas las fases transitorias de ese desarrollo y, consecuentemente, indicar al proletariado, en *todo* momento, la actuación más adecuada para avanzar hacia el socialismo. En otras palabras, que no puede haber *ninguna* ocasión en que la clase obrera se vea obligada a abandonar su programa o se vea abandonada por él.

En la práctica, todo esto quiere decir que no puede haber ninguna ocasión en que el proletariado, habiendo alcanzado el poder por la marcha de las cosas, no esté en condiciones o no se considere obligado a tomar ciertas medidas para la realización de su programa, o sea, medidas de transición en dirección al socialismo. Detrás de la creencia bernsteiniana de que el programa socialista podría carecer de toda indicación para su ejecución y fracasar en cualquier momento del ejercicio del poder proletario, se esconde, inconscientemente, otra creencia: *que el programa socialista es, en general y en todo momento, irrealizable.* ¿Y si las medidas de transición son prematuras? Esta cuestión conlleva toda una maraña de malentendidos respecto del auténtico curso de las transformaciones sociales.

La conquista del poder estatal por el proletariado, es decir, por una amplia clase popular, no se puede provocar artificialmente, sino que implica un cierto grado de madurez de las relaciones político-económicas (con la excepción de casos como la Comuna de París, donde el proletariado no se hizo con el poder tras una lucha consciente por él, sino que, como excepción, cayó en sus manos porque el resto lo abandonó). Ésta es la diferencia fundamental entre los golpes de Estado blanquistas —realizados por una "minoría decidida", dispuesta a actuar en cualquier momento y, por tanto, siempre a destiempo— y la conquista del poder político por una gran masa popular consciente, conquista que sólo puede ser el resultado del comienzo del hundimiento de la sociedad burguesa y que, por ello, lleva en sí misma la legitimación política y económica de su oportunidad.

Ahora bien, si desde el punto de vista de las condiciones sociales, la conquista del poder político por la clase obrera no puede producirse "demasiado pronto", en cambio, desde el punto de vista del efecto político, es decir, de la conservación de ese poder, esa conquista sí ha de producirse, necesariamente, "demasiado pronto". La revolución prematura, que no deja dormir a Bernstein, nos amenaza como una espada de Damocles, y frente a ella no valen ruegos ni súplicas, miedos ni angustias. Y esto por dos motivos:

> En primer lugar, una transformación tan importante como la transición de la sociedad desde el orden capitalista al socialista, es imposible que se produzca de repente, de un solo golpe exitoso del proletariado. Creer esto posible refleja una concepción claramente blanquista. La transformación socialista presupone una lucha larga y tenaz, en la que muy probablemente el proletariado habrá de retroceder más de una vez, de modo que, desde el punto de vista del resultado final de toda la lucha, la primera vez que tome el poder habrá de ser, necesariamente, "demasiado pronto".

En segundo lugar, las conquistas "prematuras" del poder estatal por el proletariado son inevitables, porque esos asaltos "prematuros" son un factor, y de los más importantes, para crear las condiciones *políticas* de la victoria definitiva. En el curso de la crisis política que acompañará su conquista del poder, en el fuego de luchas prolongadas e intensas, el proletariado alcanzará el grado de madurez política que le capacitará para la victoria definitiva en la revolución. Así pues, tales asaltos "prematuros" del proletariado al poder político del Estado son, en sí mismos, un importante factor histórico que determina el *momento* de la victoria definitiva. Desde este punto de vista, la idea de una conquista "prematura" del poder político por la clase obrera, resulta un contrasentido producto de una concepción mecanicista del desarrollo social y del establecimiento de una fecha para el triunfo de la lucha de clases, pero *al margen e independiente* de esta lucha.

Por tanto, dado que el proletariado no está en situación más que de conquistar el poder del Estado "demasiado pronto", o sea, dado que el proletariado tiene que conquistar el poder del Estado una o varias veces "demasiado pronto" antes de poder conquistarlo definitivamente, la oposición a una conquista "prematura" del poder no es más que la *oposición a la aspiración del proletariado a apoderarse del poder estatal.*

Así que, al igual que todos los caminos conducen a Roma, desde este punto de vista, llegamos a la conclusión de que la propuesta revisionista de abandonar el *objetivo último* socialista desemboca, en realidad, en el abandono del *movimiento* socialista mismo. [Llegamos a la conclusión de que su consejo a la socialdemocracia de "echarse a dormir" en caso de conquistar el poder político, es idéntico al de *echarse a dormir ahora mismo,* es decir, renunciar a la lucha de clases.][49]

## El Hundimiento

Bernstein comenzó su revisión del programa socialdemócrata con la renuncia a la teoría del hundimiento del capitalismo. Pero, dado que esta teoría es una piedra angular del socialismo científico, al renunciar a ella también renunció a la doctrina socialista, viéndose obligado, para mantener su primera posición, a abandonar en el curso de la polémica, una tras otra, todas las posiciones del socialismo.

Sin hundimiento del capitalismo, la expropiación de la clase capitalista es imposible. Por tanto, Bernstein renuncia a la expropiación y propone como meta del movimiento obrero una implantación paulatina del *principio cooperativista*.

Pero, el cooperativismo no puede prosperar en medio de la producción capitalista. Por ende, Bernstein renuncia a la socialización de la producción, y propone la reforma del comercio y el desarrollo de las cooperativas de consumo.

Más, la transformación de la sociedad por medio de las cooperativas de consumo, aunque sea con los sindicatos, no es compatible con el desarrollo material real de la sociedad capitalista. Por ello, Bernstein renuncia a la concepción materialista de la historia.

Pero, su concepción sobre la marcha del desarrollo económico no es compatible con la ley marxista de la plusvalía. Por tanto, Bernstein renuncia a la ley de la plusvalía y a la ley del valor, y con ello a toda la teoría económica de Carlos Marx.

Sin embargo, la lucha del proletariado no puede desarrollarse sin un objetivo final claro y sin una base económica en la sociedad contemporánea. Por ende, Bernstein renuncia a la lucha de clases y predica la reconciliación con el liberalismo burgués.

No obstante, como en una sociedad clasista la lucha de clases es un fenómeno natural e inevitable, Bernstein, consecuentemente, niega incluso la existencia de las clases en nuestra sociedad. Para él, la clase obrera no es más que un montón de individuos aislados en lo político, en lo intelectual y hasta en lo económico. Y tampoco la burguesía, según Bernstein, se agrupa políticamente en razón de unos intereses económicos internos, sino a secas por la presión exterior desde arriba o desde abajo.

Pero, si no hay base económica para la lucha de clases y, en consecuencia, tampoco hay clases sociales, tanto la actual, como la futura lucha del proletariado contra la burguesía resultan imposibles, y la propia socialdemocracia y sus éxitos, incomprensibles. O sólo se pueden comprender como resultado de la presión política del gobierno, esto es, no como consecuencia natural del desarrollo histórico, sino como resultado fortuito de la política de los Hohenzollern;[50] no como hijo legítimo de la sociedad capitalista, sino como bastardo de la reacción. De este modo, impulsado por una poderosa lógica, Bernstein pasa de la concepción materialista de la historia al punto de vista de la *Frankfurter Zeitung*[51] y la *Vossischer Zeitung*.

Una vez que se ha renegado de toda la crítica socialista a la sociedad burguesa, lo único que queda es considerar que, en líneas generales, lo existente es satisfactorio. Tampoco esto hace vacilar a Bernstein, que no ve tan fuerte a la reacción en Alemania, y para quien en los países europeos occidentales "no es muy visible la reacción política" y en casi todos ellos "la actitud de las clases burguesas con respecto al movimiento socialista es, todo lo más, una actitud defensiva, y no de opresión" (*Vorwärts*, 26/3/1899). La situación de los trabajadores, lejos de empeorar, mejora cada vez más; la burguesía es, desde el punto de vista político, progresista y hasta moralmente sana; no se advierte que haya reacción ni opresión... todo va a mejor en el mejor de los mundos.

Y así, en lógica secuencia, recorre Bernstein el trayecto de la A a la Z. Comenzó renunciando al *fin último* en beneficio del movimiento. Pero como no puede existir movimiento socialdemócrata sin un fin último socialista, Bernstein acaba renunciando al *movimiento* mismo.

De este modo, se viene abajo toda la concepción bernsteiniana del socialismo. El firme, simétrico y maravilloso edificio del pensamiento marxista, queda reducido por Bernstein a un enorme montón de escombros, en el que los cascotes de todos los sistemas, y las piezas del pensamiento de las grandes y pequeñas mentes encuentran una sepultura común. Marx y Proudhon, Leo von Buch y Franz Oppenheimer, Friedrich Albert Lange y Kant, el señor Prokopovitch y el doctor Ritter von Neupauer, Herkner y Schulze-Gavernitz, Lassalle y el profesor Julius Wolf,[52] todos han contribuido con su óbolo al sistema de Bernstein y de todos ha tomado éste algo. ¡No es de extrañar! Al abandonar el punto de vista de clase, ha perdido la brújula política; al abandonar el socialismo científico, ha perdido el eje de cristalización intelectual, en torno al cual organizar los hechos aislados en el todo orgánico de una concepción coherente del mundo.

A primera vista, su doctrina, compuesta con las migajas de todos los sistemas posibles, parece carecer por completo de prejuicios. Bernstein no quiere saber nada de una "ciencia de partido" o, más correctamente, de una ciencia de clase, así como tampoco de un liberalismo o una moral de clase. Cree defender una ciencia humana general, abstracta, un liberalismo abstracto, una moral abstracta. Pero, como la sociedad real se compone de clases que tienen intereses, propósitos y concepciones diametralmente opuestos, por el momento resulta pura fantasía, un autoengaño, hablar de una ciencia humana general de las cuestiones sociales, un liberalismo abstracto, una moral abstracta. La ciencia, la democracia y la moral que Bernstein cree humanas y universales, no son más que la ciencia, la democracia y la moral dominante, es decir, la ciencia, la democracia y la moral burguesas.

En efecto. Al renegar del sistema económico marxista para jurar lealtad a las enseñanzas de Brentano, Böhm-Bawerk, Jevons, Say,[53] Julius Wolf, ¿qué hace sino cambiar el fundamento científico de la emancipación de la clase obrera por la apología de la burguesía? Y cuando habla del carácter humano universal del liberalismo y convierte el socialismo en una variedad de éste, ¿qué hace sino quitarle al socialismo su carácter de clase, su contenido histórico, o sea, todo su contenido, para convertir a la burguesía, la clase a la que históricamente representó el liberalismo, en la defensora de los intereses generales de la humanidad?

Y cuando Bernstein habla en contra de "la elevación de los factores materiales a la condición de fuerzas todopoderosas del desarrollo", y cuando despotrica contra "el menosprecio de los ideales" por la socialdemocracia, y cuando exalta el idealismo y la moral, al tiempo que se pronuncia contra la única fuente del renacimiento moral del proletariado, la lucha revolucionaria de clases, ¿qué otra cosa hace sino predicar a la clase obrera la "quintaesencia" de la moral burguesa, es decir, la reconciliación con el orden establecido y el depositar todas las esperanzas en el más allá?

Por último, al dirigir sus dardos más afilados contra la dialéctica, ¿qué hace sino combatir el pensamiento específico del proletariado consciente en su lucha por la emancipación? Es decir, intentar romper la espada que ha ayudado al proletariado a desgarrar las tinieblas de su porvenir histórico, pretender mellar el arma intelectual con cuya ayuda el proletariado, aun continuando materialmente bajo el yugo burgués, es capaz de vencer a la burguesía, al demostrarle el carácter transitorio del actual orden social y lo inevitable de su victoria, el arma intelectual que ya está haciendo la revolución en el mundo del pensamiento. Despidiéndose de la dialéctica y montándose en el columpio intelectual del "por un lado... y por el otro", "sí, pero no", "aunque... sin embargo", "más o menos", Bernstein cae en el esquema de pensamiento históricamente limitado de la burguesía en decadencia, esquema que es fiel reflejo intelectual de su existencia social y su actuación política. (Caprivi-Hohenlohe, Berlepsch-Posadowsky, decretos de febrero-proyectos penitenciarios.[54]) El "por un lado... y por el otro", "sí, pero no", las dudas y disyuntivas políticas de la burguesía contemporánea, poseen el mismo carácter que el modo de pensar de Bernstein, y su modo de pensar es la mejor prueba de la naturaleza burguesa de su concepción del mundo.

Pero, para Bernstein, el término "burgués" ya no es una expresión de clase, sino un concepto social de carácter general. Esto significa que, consecuente hasta el final, de conjunto con la ciencia, la moral y el modo de pensar, Bernstein también ha cambiado el lenguaje histórico del proletariado por el de la burguesía. Al calificar, indistintamente, al burgués y al proletario como "ciudadano", para acabar hasta con los antagonismos verbales, Bernstein identifica al hombre, en general, con el burgués y a la sociedad humana con la sociedad burguesa.

[Si en el comienzo de la controversia, alguien todavía pensaba que se podría recuperar a Bernstein para el movimiento convenciéndolo con argumentos tomados del arsenal científico socialdemócrata, debe abandonar por completo esa esperanza. Porque hasta las mismas palabras han dejado de tener igual significado para ambas partes, los mismos conceptos han dejado de expresar iguales realidades sociales. La controversia con Bernstein se ha convertido en un enfrentamiento entre dos concepciones del mundo, dos clases, dos formas de sociedad. Bernstein y la socialdemocracia se encuentran, hoy día, en campos absolutamente distintos.][55]

## El Oportunismo en la Teoría y en La Práctica

El libro de Bernstein es de gran importancia histórica para el movimiento obrero alemán e internacional, porque es el primer intento de dotar de una base teórica a las corrientes oportunistas en la socialdemocracia. Si consideramos sus manifestaciones esporádicas, como el conocido caso de la cuestión de la subvención a las navieras mercantes,[56] se podría decir que el oportunismo data de hace bastante tiempo. Pero como tendencia —con un carácter claramente definido— no aparece hasta los inicios de la década de 1890, tras la abolición de las leyes antisocialistas y la consiguiente recuperación de las posibilidades de actuación legal. El socialismo de Estado de Vollmar,[57] la votación del presupuesto en Baviera,[58] el socialismo agrario de la Alemania meridional,[59] las propuestas de compensaciones de Heine,[60] y las opiniones de Schippel sobre la política aduanera y el militarismo[61] son los jalones que marcan el desarrollo de nuestra práctica oportunista.

¿Qué es, a primera vista, lo más característico de todas estas corrientes? La hostilidad hacia la *teoría*. Esto es completamente natural, puesto que nuestra teoría, es decir, los fundamentos del socialismo científico, establece límites muy definidos para la actividad práctica, tanto respecto de los *fines*, como de los *medios* de lucha que se ha de emplear, y también respecto del *modo* de luchar. Por ello, es natural que todos aquellos que únicamente buscan éxitos pragmáticos, manifiesten la natural aspiración a tener las manos libres, o sea, a hacer independiente la práctica de la teoría.

Pero, este enfoque se demuestra inoperante: el socialismo de Estado, el socialismo agrario, la política de compensaciones o la cuestión militar son otras tantas derrotas para el oportunismo. Es evidente que si esta corriente quería afirmarse no podía limitarse a ignorar los fundamentos de nuestra teoría, sino que tenía que tratar de destruirlos, a fin de establecer su propia teoría. La de Bernstein fue un intento en este sentido, y por eso todos los elementos oportunistas se agruparon en torno a su bandera en el congreso de Stuttgart. Si, por una parte, las corrientes oportunistas en la actividad práctica son un fenómeno completamente natural comprensible por las condiciones y el desarrollo de nuestra lucha, por otra parte, la teoría de Bernstein es una tentativa, no menos comprensible, de aglutinar estas corrientes en una expresión teórica general; un intento de establecer sus propios presupuestos teóricos generales y de liquidar el socialismo científico. En consecuencia, la teoría de Bernstein ha sido, desde un principio, el bautismo de fuego del oportunismo, su primera legitimación científica.

¿Qué resultado ha producido este intento? Como hemos visto, el oportunismo no es capaz de elaborar una teoría positiva que pueda resistir, medianamente, la crítica. Todo lo que puede hacer es atacar, de forma aislada, algunas de las tesis de la doctrina marxista, para luego, dado que esta doctrina constituye un conjunto sólidamente entrelazado, intentar destruir todo el edificio, desde la azotea hasta los cimientos. Con esto se demuestra que, por su esencia y fundamentos, la práctica oportunista es incompatible con el sistema marxista.

Pero con ello se prueba también que el oportunismo es incompatible, asimismo, con el socialismo, puesto que posee una tendencia inherente a desviar el movimiento obrero hacia caminos burgueses, esto es, a paralizar por completo la lucha de clases proletaria. Cierto que, desde un punto de vista histórico, la lucha de clases proletaria no es idéntica a la doctrina marxista. *Antes* de Marx, e independientes de él, también hubo un movimiento obrero y diversos sistemas socialistas que eran, cada uno a su manera, la expresión teórica, propia de la época, de las aspiraciones emancipadoras de la clase obrera. La justificación del socialismo con conceptos morales de justicia, la lucha contra el modo de distribución, en vez de contra el modo de producción, la concepción de los antagonismos de clase como antagonismos entre ricos y pobres, la pretensión de injertar en la economía capitalista el "principio cooperativista", todo lo que se encuentra en el sistema de Bernstein ya existió con anterioridad. Y esas teorías, a pesar de sus insuficiencias, fueron —*en su época*— auténticas teorías de la lucha de clases proletaria, fueron las botas de siete leguas con las que el proletariado aprendió a caminar por la escena de la historia.

Pero, *una vez que* el desarrollo de la lucha de clases, y su reflejo en las condiciones sociales, llevó al abandono de esas teorías y a la elaboración de los principios del socialismo científico, ya no puede haber más socialismo que el marxista —al menos, en Alemania— ni puede haber otra lucha de clases socialista que la socialdemócrata. De ahora en adelante, socialismo y marxismo — la lucha por la emancipación proletaria y la socialdemocracia— son idénticos. El retorno a teorías socialistas premarxistas ya no supone una vuelta a las botas de siete leguas de la infancia del proletariado, sino a las viejas y gastadas pantuflas de la burguesía.

La teoría de Bernstein ha sido, al mismo tiempo, el *primer y último* intento de proporcionar una base teórica al oportunismo. Y decimos el último porque, con el sistema de Bernstein, el oportunismo ha llegado, tanto en lo negativo (renegar del socialismo científico), como en lo positivo (conjugar toda la confusión teórica disponible), todo lo lejos que podía llegar; ya no le queda nada por hacer. Con el libro de Bernstein, el oportunismo ha completado su desarrollo llegando a las últimas consecuencias en la teoría. [Al igual que lo hizo en la práctica, con la postura de Schippel sobre el militarismo.][62]

La doctrina marxista no sólo puede rebatir teóricamente el oportunismo, sino que es la única capaz de *explicarlo* como una manifestación histórica en el proceso de construcción del partido. El avance histórico a escala mundial del proletariado hasta su victoria no es, desde luego, "un asunto sencillo". La particularidad de este movimiento reside en que, por vez primera en la historia, las masas populares imponen su voluntad *contra* las clases dominantes, aunque es verdad que tienen que realizar esa voluntad más allá de la presente sociedad. Pero, las masas sólo pueden forjar esa *voluntad* en la lucha continua contra el orden establecido, dentro, del contexto de éste. La unión de las amplias masas populares con una meta que trasciende todo el orden social existente, la unión de la lucha cotidiana con la gran transformación mundial, es la principal tarea del movimiento socialdemócrata, que se ve obligado a avanzar entre dos peligros: entre la renuncia al carácter de masas del partido y la renuncia al objetivo último, entre la regresión a la secta y la degeneración en un movimiento burgués reformista, entre el anarquismo y el oportunismo.

Hace más de medio siglo que el arsenal teórico marxista ha proporcionado armas devastadoras contra ambos extremos. Pero, dado que nuestro movimiento es un movimiento de masas y que los peligros que sobre él se ciernen, no emanan de la mente humana, sino de las condiciones sociales, la teoría marxista no puede protegernos, de una vez y para siempre, contra las desviaciones anarquistas y oportunistas. Éstas, una vez que han pasado del dominio de la teoría al de la práctica, sólo pueden ser vencidas por el propio movimiento y gracias a las armas que el marxismo proporciona. La socialdemocracia ya superó el peligro menor, el sarampión anarquista, con el "movimiento de los independientes";[63] el peligro mayor, la hidropesía oportunista, es lo que está superando ahora.

A causa de la enorme difusión del movimiento en los últimos años y de la mayor complejidad de las condiciones en que se lleva a cabo la lucha, tenía que llegar el momento en que dentro del movimiento surgieran el escepticismo acerca de la posibilidad de alcanzar los grandes objetivos últimos y las vacilaciones ideológicas. Así, y no de otro modo, es cómo ha de discurrir el movimiento proletario y cómo, de hecho, discurre. Los momentos de desfallecimiento y temor, lejos de constituir sorpresa alguna para la doctrina marxista, ya fueron previstos por Marx hace mucho tiempo, cuando hace más de medio siglo escribió *El 18 Brumario de Luis Bonaparte*: "Las revoluciones burguesas, como la del siglo XVIII, avanzan arrolladoramente de éxito en éxito, sus efectos dramáticos se atropellan, los hombres y las cosas parecen iluminados por fuegos de artificio, el éxtasis es el espíritu de cada día; pero estas revoluciones son de corta vida, llegan enseguida a su apogeo y una larga depresión se apodera de la sociedad, antes de haber aprendido a asimilar serenamente los resultados de su período impetuoso y agresivo. En cambio, las revoluciones proletarias, como las del siglo XIX, se critican constantemente a sí mismas, se interrumpen continuamente en su propia marcha, vuelven sobre lo que parecía terminado, para comenzarlo de nuevo, se burlan concienzuda y cruelmente de las indecisiones, de los lados flojos y de la mezquindad de sus primeros intentos, parece que sólo derriban a su adversario para que éste saque de la tierra nuevas fuerzas y vuelva a levantarse más gigantesco frente a ellas, retroceden constantemente aterradas ante la vaga enormidad de sus propios fines, hasta que se crea una situación que no permite volverse atrás y las propias circunstancias gritan: *Hic Rhodus, hic salta.*"[64]

Esto sigue siendo cierto, incluso después de haberse elaborado la doctrina del socialismo científico. El movimiento proletario todavía no es completamente socialdemócrata, ni siquiera en Alemania. Pero *lo va siendo* día a día, al tiempo que va superando las desviaciones extremas del anarquismo y el oportunismo, que no son más que fases del desarrollo de la socialdemocracia entendida como un *proceso*.

En vista de todo esto, lo sorprendente no es la aparición de una corriente oportunista, sino su debilidad. Mientras se manifestaba únicamente en casos aislados de la práctica del partido, se podía pensar que tenía detrás una base teórica seria. Pero, ahora que se ha mostrado al desnudo en el libro de Bernstein, todos preguntarán, sorprendidos: ¿Cómo, eso es todo lo que tenéis que decir? ¡Ni una pizca de ideas nuevas! ¡Ni una sola idea que el marxismo no hubiera refutado, aplastado, ridiculizado y reducido a la nada ya hace decenios! Ha bastado con que hablara el oportunismo, para demostrar que no tenía nada que decir. Ésta es, en esencia, la importancia que para la historia de nuestro partido tiene el libro de Bernstein.

Y de esta manera, al despedirse del modo de pensar del proletariado revolucionario, de la dialéctica y de la concepción materialista de la historia, Bernstein debe agradecerles las circunstancias atenuantes que le han concedido a su conversión.

Con su magnanimidad habitual, la dialéctica y la concepción materialista de la historia permitieron que Bernstein apareciera como el instrumento inconsciente para que el proletariado ascendente manifestara un desconcierto momentáneo que, tras una consideración más reposada, arrojó lejos de sí con una sonrisa desdeñosa.

[Hemos dicho que el movimiento *se hace* socialdemócrata mientras y en la medida en que supera las desviaciones anarquistas y oportunistas que, necesariamente, surgen en su crecimiento. Pero, superar no quiere decir dejarlo todo de manera tranquila, a la buena de Dios. *Superar la corriente oportunista actual quiere decir precaverse frente a ella.* Bernstein remata su libro con el consejo al partido de que se atreva a aparecer como lo que en realidad es: un partido reformista demócrata-socialista. A nuestro juicio, el partido, es decir, su máximo órgano —el congreso— tendría que pagar este consejo con la misma moneda, sugiriendo a Bernstein que aparezca formalmente como lo que en realidad es: un demócrata pequeño burgués progresista.][65]

---

1. Ferdinand Lassalle (1825-1864). Abogado y político alemán, amigo de Carlos Marx y defensor de un socialismo pequeño-burgués que, posteriormente, tendría gran influencia en la socialdemocracia alemana. En 1863, fundó la Unión General Obrera de Alemania, que en el Congreso de Gotha (1875) se unificó con el Partido Socialdemócrata. Mantuvo posiciones oportunistas respecto de cuestiones teóricas y políticas fundamentales.

2. Los párrafos entre corchetes fueron omitidos en la segunda edición.

3. Referencia al fracaso y la suspensión, durante el reinado de Guillermo II, de la política de reforma social iniciada bajo Guillermo I.

4. Cada uno de los estados integrados en el imperio alemán tenía su propia Constitución. Tras la abolición de la ley contra la socialdemocracia, y ante la rápida expansión de ésta, Sajonia modificó la suya para introducir un

sistema electoral censitario, en el que hay que pagar para ejercer el derecho al voto.

5. *Neue Zeit*, 1897-1898, no. 18, p. 555. (N. de la A.)

6. *Neue Zeit*, 1897-1898, no. 18, p. 554. (N. de la A.)

7. Referencia a la frase final del Capítulo 27 de la sección 5ta. del tomo III de *El capital*, donde Marx califica de "carácter agradable de sinvergüenza y profeta" al banquero francés Isaac Péreire (1806-1880), seguidor del socialista utópico Saint-Simon.

8. En la segunda edición, la autora añadió el siguiente párrafo: "En una nota a pie de página en el libro tercero de *El capital*, Engels escribió en 1894: 'Desde que se escribió lo que antecede (1865) se ha intensificado considerablemente la competencia en el mercado mundial, a través del rápido desarrollo de la industria en todos los países civilizados, especialmente en América y Alemania. El hecho de que las fuerzas productivas modernas, en su crecimiento rápido y gigantesco, superen cada día más las leyes del intercambio capitalista de mercancías, en cuyo contexto debieran actuar, se va haciendo cada vez más claro en las conciencias de los capitalistas. Esto se demuestra por dos síntomas. En primer lugar, por la nueva manía proteccionista generalizada, que se diferencia de los antiguos aranceles proteccionistas en el hecho de que cubre fundamentalmente a los productos exportables. En segundo lugar, por la formación de cárteles de fabricantes en grandes esferas de la producción, con el fin de regular ésta y, con ella, los precios y los beneficios. Es manifiesto que estos experimentos sólo son posibles en un clima económico favorable; la primera tormenta los tira por la borda, demostrando así que si la producción necesita regulación, no será la clase capitalista la llamada a ponerla en práctica. Por lo demás, estos cárteles tienen como única misión procurar que los grandes devoren a los pequeños más rápidamente que antes.'"

9. En lugar del párrafo entre corchetes, la segunda edición recoge lo siguiente: "La respuesta vino pisándole los talones a la pregunta. Apenas se había deshecho Bernstein, en 1898, de la teoría marxista de las crisis, cuando en 1900 estalló una fuerte crisis general, y siete años después, en 1907, una nueva crisis originada en Estados Unidos afectó al mercado mundial. Los hechos incontrovertibles destruían la teoría de la 'adaptación' del capitalismo. Al mismo tiempo podía comprobarse que quienes abandonaban la teoría marxista de las crisis sólo porque había fracasado en el cumplimiento de dos de sus 'plazos' confundían el núcleo de la teoría con una pequeñez externa y no esencial de su forma, con el ciclo decenal. La

formulación del ciclo de la industria capitalista moderna como un período decenal, sin embargo, era una simple constatación de los hechos por Marx y Engels en 1860 y 1870, que además no descansaba en ninguna ley natural, sino en una serie de circunstancias históricas siempre concretas relacionadas con la extensión intermitente de la esfera de actuación del capitalismo juvenil."

10. 15 000 millones de dólares.

11. Referencia a las dos victorias bélicas que permitieron la unidad alemana, sobre Austria, en la guerra austro-prusiana (1866), y sobre Francia, en la guerra franco-prusiana (1870-1871), que conllevó la caída de Napoleón III y la proclamación del Segundo Imperio Alemán, con Bismarck como canciller.

12. En lugar de los párrafos entre corchetes, la segunda edición reza: "Estas crisis pueden producirse cada 10 o cada 5 años o, alternativamente, cada 20 o cada 8 años. Lo que demuestra del modo más palmario la insuficiencia de la teoría de Bernstein es el hecho de que la crisis más reciente (1907-1908) se ensañó especialmente con los países en que más desarrollados están los famosos 'medios de adaptación' capitalistas (el crédito, el servicio de transmisión de noticias, los *trusts*)."

13. C. Marx, *El capital*, libro tercero. (N. de la A.)

14. Omitido en la segunda edición.

15. Konrad Schmidt (1863-1932). Economista alemán. Posicionado, inicialmente, en el grupo de los "Jóvenes" (ver nota 45), posteriormente, evolucionó hacia el reformismo. Sus observaciones, publicadas en el *Vorwärts*, 20 de febrero de 1898, se pueden relacionar con las de Bernstein, dado que éste no rechazó en modo alguno sus puntos de vista.

16. Las *Trade Unions* son los sindicatos británicos, surgidos a comienzos del siglo XIX, y que, en 1868, se unificaron en el Trade Unions Congress (TUC).

17. Webb, *Teoría y práctica del movimiento obrero británico*, t. II, pp. 100 y ss.

18. Webb, *Ibídem*, t. II, pp. 115 y ss.

19. Webb, *Ibídem*, t. II, p. 115.

20. C. Marx, *El capital*, libro tercero. (N. de la A.)

21. En la segunda edición, este trozo reza: "Hoy en día, las tarifas arancelarias ya no sirven para fomentar industrias jóvenes, sino para conservar artificialmente formas anticuadas de producción."

22. Omitido en la segunda edición. El texto se refiere a China.

23. Charles Fourier (1772-1837). Socialista utópico francés que propuso una organización cooperativista de la sociedad, cuyo centro serían los

falansterios. No era partidario de la abolición de la propiedad privada.

24. En el año 1872, los profesores Wagner, Schmoller, Brentano y otros, celebraron en Eisenach un congreso en el que proclamaron, entre grandes alharacas, que su meta era la implantación de las reformas sociales, para la protección de la clase obrera. Estos mismos caballeros, a los que el liberal Oppenheimer calificó irónicamente de "socialistas de cátedra", se apresuraron a fundar la Sociedad para la Reforma Social. Algunos años más tarde, al agravarse la lucha contra la socialdemocracia, votaron en el Parlamento a favor de la prórroga de la Ley Antisocialista. Por lo demás, toda la actividad de la Sociedad consiste en asambleas generales anuales, en las que se presentan ponencias profesorales; además, ha publicado 100 voluminosos tomos sobre cuestiones económicas. Estos profesores, que también son partidarios de las tarifas arancelarias, el militarismo, etc., no han hecho nada por la reforma social. Últimamente, la Sociedad ha abandonado el tema de las reformas sociales y se ocupa de las crisis, los cárteles, etc. (N. de la A.)

25. ¡*Nota bene!* En la gran extensión de las acciones pequeñas ve Bernstein, evidentemente, la prueba de que la riqueza social comienza a derramar bendiciones por acciones sobre la gente menuda. En efecto, ¿qué pequeño burgués o, incluso, qué trabajador renunciará a comprar acciones por la módica suma de 20 marcos? Desdichadamente, este supuesto descansa sobre un sencillo error de cálculo: operar con el valor nominal de las acciones, en vez de con su valor efectivo, que son dos cosas bien distintas. Un ejemplo: en el mercado minero se cotizan, entre otras, las acciones de las minas sudafricanas del Rand. Su valor nominal, como el de la mayoría de los valores mineros, es de 1 libra, es decir, 20 marcos. Pero ya en 1899 su precio era de 43 libras (véase la cotización de finales de marzo), o sea, ¡860 marcos! Y esto suele ser lo habitual. Aunque las acciones "pequeñas" parezcan muy democráticas, en realidad sólo están al alcance de la gran burguesía, no de la pequeña burguesía ni mucho menos del proletariado, puesto que solamente una ínfima parte de los accionistas consiguen adquirir esos "bonos de participación en la riqueza social" a su valor nominal. (N. de la A.)

26. Wilhelm Weitling (1808-1871). Contemporáneo de Marx, sastre y uno de los teóricos de una forma utópico-bíblica de comunismo. Según Engels, sus criterios desempeñaron un papel positivo "como primer movimiento teórico independiente del proletariado alemán", aunque tras la aparición del socialismo científico frenaron el desarrollo de la conciencia de clase del proletariado.

27. Referencia a las concepciones teóricas de Louis Auguste Blanqui (1805-

1881), revolucionario francés participante en la Revolución de 1848 y dirigente de la Comuna de París (1871). No consideraba necesaria la previa preparación política de las masas de la clase obrera antes de la toma del poder, porque creía que éstas serían arrastradas por la acción decidida de una minoría de audaces revolucionarios.

28. Esta nota de la autora a la primera edición fue omitida en la segunda: "Bernstein responde ampliamente a algunos puntos de nuestra primera serie de artículos en el *Leipziger Volkszeitung,* pero lo hace de un modo que pone de relieve su confusión. Por ejemplo, trata de escabullir la respuesta a nuestra crítica sobre su escepticismo acerca de las crisis, queriendo convencernos de que hemos relegado la teoría marxista de las crisis a un futuro nebuloso. Esta es una interpretación muy libérrima de nuestras palabras, puesto que únicamente explicábamos la *periodicidad mecánica,* regular, de las crisis; o, más exactamente, que el ciclo decenal de crisis era un esquema que únicamente se correspondía con un mercado mundial completamente desarrollado. Por lo que hace al *contenido* de la teoría marxista de las crisis, declarábamos que se trata de la única formulación científica del mecanismo y las causas económicas internas de *todas* las crisis que hasta ahora se han dado. "Más extrañas aún son las respuestas de Bernstein a los otros puntos de nuestra crítica. A la observación, por ejemplo, de que los cárteles no pueden servir como instrumento contra la anarquía capitalista porque, como demuestra la industria azucarera, únicamente agudizan la competencia en el mercado mundial, contesta Bernstein que es correcta, pero que la agudización en Inglaterra de la competencia azucarera había dado lugar a una fabricación mucho mayor de mermeladas y compotas (p. 78). Esta respuesta recuerda los ejercicios de conversación de la primera parte del método Ollendorf de aprendizaje autodidacta de idiomas: 'La manga es corta, *pero* el zapato es estrecho. El padre es grande, *pero* la madre se ha ido a dormir'. Con una coherencia similar responde Bernstein a nuestra observación de que tampoco el *crédito* puede ser un 'medio de adaptación' contra la anarquía capitalista, puesto que más bien aumenta dicha anarquía. Según Bernstein, además de su atributo destructivo, el crédito también tiene propiedades positivas 'creadoras-recuperadoras' que, según él, también Marx supo apreciar. Esta observación relativa al crédito no es nueva para cualquiera que, basándose en la teoría marxista, vea en la economía capitalista todos los elementos positivos para una futura transformación socialista de la sociedad. Pero el debate era si esas propiedades positivas del crédito más allá del capitalismo también se manifiestan positivamente en la economía capitalista, si el crédito puede vencer a la anarquía capitalista, como sostiene Bernstein, o si, más bien, acaba en una contradicción y agrava la

anarquía, como hemos mostrado nosotros. La observación de Bernstein acerca de la capacidad 'creadora-recuperadora' del crédito, que constituyó el origen del debate, no es otra cosa, a la vista de lo expuesto, que una 'escapada teórica hacia el más allá'... del campo de la discusión."

29. Teoría de la utilidad marginal (o teoría marginalista). Desarrollada, entre otros, por el economista británico William Stanley Jevons (1835-1882) y el economista austríaco Karl Menger (1840-1921). Según esta teoría, la utilidad, o sea, la apreciación subjetiva del consumidor, es la fuente del valor y determina, asimismo, su nivel. Eugen von Böhm-Bawerk (1815-1914), economista austríaco de la misma escuela.

30. Adam Smith (1723-90) y David Ricardo (1772-1823). Destacados economistas burgueses británicos. El primero fue el iniciador de la llamada escuela clásica y el segundo, uno de sus continuadores. Defensores de la propiedad privada, el libre mercado y la competencia.

31. Observación de la autora.

32. Observación de la autora.

33. Beatrice Potter-Webb (1858-1943). Historiadora del movimiento sindical británico. Su esposo fue Sidney James Webb (1859-1947).

34. "Las fábricas cooperativas de los propios obreros son, dentro de la antigua forma, la primera ruptura con esta forma, por más que, como es natural, en su verdadera organización muestran por doquier todos los defectos del sistema establecido." Marx, *El capital*, libro tercero. (N. de la A.)

35. Franz Oppenheimer (1864-1943). Economista y socialista liberal. Consideraba que la pobreza se debía al monopolio de la propiedad del suelo.

36. Karl Johann Rodbertus (1805-1875). Economista y político alemán, partidario de cierto socialismo de Estado. Planteó que las crisis podían ser una consecuencia de la tendencia a la disminución de los salarios respecto del conjunto de los ingresos de la sociedad, y propuso redistribuir las rentas a través de los impuestos. El libro mencionado es de 1898.

37. Personaje de la mitología griega, condenado por Zeus a subir una enorme roca a la cima de un monte. Cada vez que se aproximaba a ella, la roca rodaba ladera abajo, obligándole incesantemente a reiniciar su tarea.

38. *Vorwärts* (Adelante): Órgano de expresión de la socialdemocracia alemana.

39. Omitido en la segunda edición.

40. Omitido en la segunda edición. El artículo 14 de la monarquía de los Habsburgo permitía derogar las garantías constitucionales vigentes, incluido el Parlamento. Se aplicó con frecuencia.

41. Omitido en la segunda edición.

42. La Revolución alemana de 1848, que dio un golpe decisivo a las instituciones feudales.

43. En la penetración de las potencias europeas en China, Alemania consiguió, en 1897, el arriendo, por un plazo de 99 años, de la región de Kiao-chou. Ocupada por Japón en 1914, la perdió definitivamente tras la Primera Guerra Mundial.

44. Referencia al Partido del Centro, fundado en 1870 como representación política de los católicos alemanes. Llegó a ser el antagonista más considerable de los liberales. Aunque se pretendía interconfesional, su electorado se componía casi exclusivamente de católicos, entre los que obtenía proporciones muy altas (en 1881, 86,3% del total del voto católico). De 1895 a 1906, fue el mayor pilar del gobierno del káiser.

45. Rosa Luxemburgo corrigió esta opinión sobre las posibles consecuencias de una guerra en Francia. En lugar del párrafo entre corchetes, la segunda edición rezó: "En Alemania, la era del armamentismo a gran escala, originada en 1893, y la política mundial iniciada en Kiao-chou se saldó de inmediato con dos víctimas de la democracia burguesa: la decadencia del liberalismo y el desmoronamiento del centro, que pasó de la oposición al gobierno. Las últimas elecciones legislativas de 1907, celebradas bajo el signo de la política colonial, son, al mismo tiempo, el funeral histórico del liberalismo alemán."

46. La "leyenda de la voracidad" socialdemócrata es, para Bernstein, "las frases que reclaman una expropiación general, simultánea y violenta" (*Neue Zeit*, 1898-1899). (N. de la A.)

47. Omitido en la segunda edición.

48. Citado por Engels en *El problema campesino en Francia y Alemania*.

49. Omitido en la segunda edición.

50. Familia de gobernantes alemanes. Gobernó Prusia, primero, y Alemania, después, hasta la Primera Guerra Mundial.

51. *Frankfurter Zeitung*. Diario de los financieros alemanes. Órgano de los monopolios de 1856 a 1943. Desde 1949, se llama *Frankfurter Allgemeine Zeitung*.

52. *Pierre J. Proudhon* (1809-1865). Ideólogo francés, uno de los fundadores del anarquismo. Criticaba, desde posiciones pequeño-burguesas, la gran propiedad capitalista. En su obra *Miseria de la filosofía*, Marx rebatió sus tesis. *Leo von Buch:*, economista alemán. *Friedrich A. Lange* (1852-1885), filósofo defensor de algunas tesis del socialismo utópico. *Emmanuel Kant*

(1724-1804), filósofo idealista alemán. *Heinrich Herkner* (1863-1932), uno de los "socialistas de cátedra" (ver nota no. 17). *H. von Schulze-Gavernitz* (1824-1888), economista alemán. *Julius Wolf*, economista alemán y "socialista de cátedra".

53. Leon Say (1826-96). Economista francés defensor del librecambio y feroz adversario del socialismo.

54. *G. L. Caprivi* (1831-1899). Político alemán que sucedió a Bismarck como canciller en 1890 y fue destituido cuatro años más tarde. Suprimió las leyes antisocialistas. *C. Hohenlohe* (1819-1901), sucesor, a su vez, de Caprivi en la cancillería. *H. H. von Berlepsch* (1843-1926), gobernador de Koblenz durante la huelga de 1889, discrepó de la política de Bismarck. Posteriormente, fue ministro. *Conde Posadowsky* (1845-1932), ministro de Interior en la era post-Bismarck, impulsó la legislación laboral sobre vejez, enfermedad, invalidez, etcétera.

55. Omitido en la segunda edición.

56. Referencia al apoyo, en 1885, del grupo parlamentario socialdemócrata a la propuesta de Bismarck de subvencionar con 5 millones de marcos las líneas de vapores, en especial las que unían Alemania con sus colonias. La justificación fue completamente reformista y más tarde sirvió para la defensa del imperialismo.

57. Georg von Vollmar (1850-1922). En un inicio, en la izquierda del partido; giró espectacularmente a la derecha tras la derogación, en 1890, de las leyes antisocialistas. En los congresos de 1891 a 1895, encabezó la fracción reformista, apoyándose sobre todo en las organizaciones de los estados de la Alemania meridional (Baviera, Württemberg, Baden y Hessen). Defendió la posibilidad de un Estado por encima de las clases y árbitro en las disputas entre capital y trabajo.

58. Los socialdemócratas bávaros dieron su aprobación al presupuesto del gobierno de su estado, tras la abolición de la legislación antisocialista, en contra de la política habitual del partido.

59. Referencia irónica a los que rechazaban la propuesta de nacionalización del suelo. Por el escaso desarrollo industrial del sur de Alemania, la lucha de clases no era tan aguda allí como en otras partes del país. El oportunismo de los dirigentes socialdemócratas de dichos estados les llevaba a ignorar los principios del partido, si con ello favorecían sus intereses electorales.

60. Wolfang Heine formuló una propuesta de concesiones a la política bélica del gobierno, a cambio de concesiones en los derechos democráticos.

61. En el congreso de Stuttgart, celebrado en octubre de 1898, Schippel preconizó la aprobación de la política proteccionista del gobierno, con el

argumento de que protegería a los obreros alemanes de la competencia de la industria extranjera.

62. Omitido en la segunda edición.

63. Referencia a la corriente de los "Jóvenes", o también "movimiento independiente", que se enfrentó a la mayoría del partido en el congreso de Halle (octubre de 1890), por lo que ellos entendían era un aburguesamiento del partido. Expulsados al año siguiente, en el congreso de Erfurt, la mayoría evolucionó posteriormente hacia el reformismo.

64. Referencia a la fábula de Esopo, en que un fanfarrón presume de haber dado un salto gigantesco en Rodas y sus interlocutores, escépticos, le dicen: "Aquí está Rodas, salta aquí." En otras palabras, demuestra con hechos lo que eres capaz de hacer.

65. Omitido en la segunda edición.

# el socialismo y el hombre en cuba

ERNESTO CHE GUEVARA

Este ensayo fue escrito en 1965 en forma de carta para Carlos Quijano, editor de *Marcha,* una revista semanal publicada en Montevideo, Uruguay. Fue escrita por Che Guevara durante un viaje de tres meses en representación del gobierno revolucionario de Cuba. Viaje durante el cual habló ante las Naciones Unidas, además de visitar varios países de África.

ESTIMADO COMPAÑERO:

Acabo estas notas en viaje por el África, animado del deseo de cumplir, aunque tardíamente, mi promesa. Quisiera hacerlo tratando el tema del título. Creo que pudiera ser interesante para los lectores uruguayos.

Es común escuchar de boca de los voceros capitalistas, como un argumento en la lucha ideológica contra el socialismo, la afirmación de que este sistema social o el período de construcción del socialismo al que estamos nosotros abocados, se caracteriza por la abolición del individuo en aras del Estado. No pretenderé refutar esta afirmación sobre una base meramente teórica, sino establecer los hechos tal cual se viven en Cuba y agregar comentarios de índole general. Primero esbozaré a grandes rasgos la historia de nuestra lucha revolucionaria antes y después de la toma del poder.

Como es sabido, la fecha precisa en que se iniciaron las acciones revolucionarias que culminaron el 1ro de enero de 1959, fue el 26 de julio de 1953. Un grupo de hombres dirigidos por Fidel Castro atacó la madrugada de ese día el cuartel Moncada, en la provincia de Oriente. El ataque fue un fracaso, el fracaso se transformó en desastre y los sobrevivientes fueron a parar a la cárcel, para reiniciar, luego de ser amnistiados, la lucha revolucionaria.

Durante este proceso, en el cual solamente existían gérmenes de socialismo, el hombre era un factor fundamental. En él se confiaba, individualizado, específico, con nombre y apellido, y de su capacidad de acción dependía el triunfo o el fracaso del hecho encomendado.

Llegó la etapa de la lucha guerrillera. Esta se desarrolló en dos ambientes distintos: el pueblo, masa todavía dormida a quien había que movilizar, y su vanguardia, la guerrilla, motor impulsor del movimiento, generador de conciencia revolucionaria y de entusiasmo combativo. Fue esta vanguardia el agente catalizador, el que creó las condiciones subjetivas necesarias para la victoria. También en ella, en el marco del proceso de proletarización de nuestro pensamiento, de la revolución que se operaba en nuestros hábitos, en nuestras mentes, el individuo fue el factor fundamental. Cada uno de los combatientes de la Sierra Maestra que alcanzara algún grado superior en las fuerzas revolucionarias, tiene una historia de hechos notables en su haber. En base a estos lograba sus grados.

Fue la primera época heroica en la cual se disputaban por lograr un cargo de mayor responsabilidad, de mayor peligro, sin otra satisfacción que el cumplimiento del deber. En nuestro trabajo de educación revolucionaria volvemos a menudo sobre este tema aleccionador. En la actitud de nuestros combatientes se vislumbraba al hombre del futuro.

En otras oportunidades de nuestra historia se repitió el hecho de la entrega total a la causa revolucionaria. Durante la Crisis de Octubre o en los días del ciclón Flora, vimos actos de valor y sacrificio excepcionales realizados por todo un pueblo. Encontrar la fórmula para perpetuar en la vida cotidiana esa actitud heroica, es una de nuestras tareas fundamentales desde el punto de vista ideológico.

En enero de 1959 se estableció el Gobierno Revolucionario con la participación en él de varios miembros de la burguesía entreguista. La presencia del Ejército Rebelde constituía la garantía del poder, como factor fundamental de fuerza.

Se produjeron enseguida contradicciones serias, resueltas, en primera instancia, en febrero del 59, cuando Fidel Castro asumió la jefatura del Gobierno con el cargo de Primer Ministro. Culminaba el proceso en julio del mismo año, al renunciar el presidente Urrutia ante la presión de las masas.

Aparecía en la historia de la Revolución Cubana, ahora con caracteres nítidos, un personaje que se repetirá sistemáticamente: la masa.

Este ente multifacético no es, como se pretende, la suma de elementos de la misma categoría (reducidos a la misma categoría, además, por el sistema impuesto), que actúa como un manso rebaño. Es verdad que sigue sin vacilar a sus dirigentes, fundamentalmente a Fidel Castro, pero el grado en que él ha ganado esa confianza responde precisamente a la interpretación cabal de los deseos del pueblo, de sus aspiraciones, y a la lucha sincera por el cumplimiento de las promesas hechas.

La masa participó en la Reforma Agraria y en el difícil empeño de la administración de las empresas estatales; pasó por la experiencia heroica de Playa Girón; se forjó en la lucha contra las distintas bandas de bandidos armadas por la CIA; vivió una de las definiciones más importantes de los tiempos modernos en la Crisis de Octubre y sigue hoy trabajando en la construcción del socialismo.

Vistas las cosas desde un punto de vista superficial, pudiera parecer que tienen razón aquellos que hablan de la supeditación del individuo al Estado; la masa realiza con entusiasmo y disciplina sin iguales las tareas que el gobierno fija, ya sean de índole económica, cultural, de defensa, deportiva, etcétera. La iniciativa parte en general de Fidel o del alto mando de la Revolución y es explicada al pueblo que la toma como suya. Otras veces, experiencias locales se toman por el Partido y el Gobierno para hacerlas generales, siguiendo el mismo procedimiento.

Sin embargo, el Estado se equivoca a veces. Cuando una de

esas equivocaciones se produce, se nota una disminución del entusiasmo colectivo por efectos de una disminución cuantitativa de cada uno de los elementos que la forman, y el trabajo se paraliza hasta quedar reducido a magnitudes insignificantes; es el instante de rectificar. Así sucedió en marzo de 1962 ante la política sectaria impuesta al Partido por Aníbal Escalante.

Es evidente que el mecanismo no basta para asegurar una sucesión de medidas sensatas y que falta una conexión más estructurada con la masa. Debemos mejorarlo durante el curso de los próximos años, pero, en el caso de las iniciativas surgidas en los estratos superiores del Gobierno utilizamos por ahora el método casi intuitivo de auscultar las reacciones generales frente a los problemas planteados.

Maestro en ello es Fidel, cuyo particular modo de integración con el pueblo sólo puede apreciarse viéndolo actuar. En las grandes concentraciones públicas se observa algo así como el diálogo de dos diapasones cuyas vibraciones provocan otras nuevas en el interlocutor. Fidel y la masa comienzan a vibrar en un diálogo de intensidad creciente hasta alcanzar el clímax en un final abrupto, coronado por nuestro grito de lucha y de victoria.

Lo difícil de entender para quien no viva la experiencia de la Revolución es esa estrecha unidad dialéctica existente entre el individuo y la masa, donde ambos se interrelacionan y, a su vez la masa, como conjunto de individuos, se interrelaciona con los dirigentes.

En el capitalismo se pueden ver algunos fenómenos de este tipo cuando aparecen políticos capaces de lograr la movilización popular, pero si no se trata de un auténtico movimiento social, en cuyo caso no es plenamente lícito hablar de capitalismo, el movimiento vivirá lo que la vida de quien lo impulse o hasta el fin de las ilusiones populares, impuesto por el rigor de la sociedad capitalista. En esta, el hombre está dirigido por un frío ordenamiento que, habitualmente, escapa al dominio de su comprensión. El ejemplar humano, enajenado, tiene un invisible cordón umbilical que le liga a la sociedad en su conjunto: la ley del valor. Ella actúa en todos los aspectos de su vida, va modelando su camino y su destino.

Las leyes del capitalismo, invisibles para el común de las gentes y ciegas, actúan sobre el individuo sin que este se percate. Sólo ve la amplitud de un horizonte que aparece infinito. Así lo presenta la vida capitalista que pretende extraer del caso Rockefeller —verídico o no— una lección sobre las posibilidades de éxito. La miseria que es necesario acumular para que surja un ejemplo así y la suma de ruindades que conlleva una fortuna de esa magnitud no aparecen en el cuadro y no siempre es posible a las fuerzas populares aclarar estos conceptos. (Cabría aquí la disquisición sobre cómo en los países imperialistas los obreros van perdiendo su espíritu internacional de clase al influjo de una cierta complicidad en la explotación de los países dependientes y cómo este hecho, al mismo tiempo, lima el espíritu de lucha de las masas en el propio país, pero ese es un tema que sale de la intención de estas notas.)

De todos modos, se muestra el camino con escollos que, aparentemente, un individuo con las cualidades necesarias puede superar para llegar a la meta. El premio se avizora en la lejanía; el camino es solitario. Además, es una carrera de lobos: solamente se puede llegar sobre el fracaso de otros.

Intentaré, ahora, definir al individuo, actor de ese extraño y apasionante drama que es la construcción del socialismo, en su doble existencia de ser único y miembro de la comunidad.

Creo que lo más sencillo es reconocer su cualidad de no hecho, de producto no acabado. Las taras del pasado se trasladan al presente en la conciencia individual y hay que hacer un trabajo continuo para erradicarlas.

El proceso es doble, por una lado actúa la sociedad con su educación directa e indirecta, por otro, el individuo se somete a un proceso consciente de autoeducación.

La nueva sociedad en formación tiene que competir muy

duramente con el pasado. Esto se hace sentir no sólo en la conciencia individual, en la que pesan los residuos de una educación sistemáticamente orientada al aislamiento del individuo, sino también por el carácter mismo de este período de transición con persistencia de las relaciones mercantiles. La mercancía es la célula económica de la sociedad capitalista; mientras exista, sus efectos se harán sentir en la organización de la producción y, por ende, en la conciencia.

En el esquema de Marx se concebía el período de transición como resultado de la transformación explosiva del sistema capitalista destrozado por sus contradicciones; en la realidad posterior se ha visto cómo se desgajan del árbol imperialista algunos países que constituyen las ramas débiles, fenómeno previsto por Lenin. En éstos, el capitalismo se ha desarrollado lo suficiente como para hacer sentir sus efectos, de un modo u otro, sobre el pueblo, pero no son sus propias contradicciones las que, agotadas todas la posibilidades, hacen saltar el sistema. La lucha de liberación contra un opresor externo, la miseria provocada por accidentes extraños, como la guerra, cuyas consecuencias hacen recaer las clases privilegiadas sobre los explotados, los movimientos de liberación destinados a derrocar regímenes neocoloniales, son los factores habituales de desencadenamiento. La acción consciente hace el resto.

En estos países no se ha producido todavía una educación completa para el trabajo social y la riqueza dista de estar al alcance de las masas mediante el simple proceso de apropiación. El subdesarrollo por una lado y la habitual fuga de capitales hacia países "civilizados" por otro, hacen imposible un cambio rápido y sin sacrificios. Resta un gran tramo a recorrer en la construcción de la base económica y la tentación de seguir los caminos trillados del interés material, como palanca impulsora de un desarrollo acelerado, es muy grande.

Se corre el peligro de que los árboles impidan ver el bosque. Persiguiendo la quimera de realizar el socialismo con la ayuda de las armas melladas que nos legara el capitalismo (la mercancía como célula económica, la rentabilidad, el interés material individual como palanca, etcétera), se puede llegar a un callejón sin salida. Y se arriba allí tras de recorrer una larga distancia en la que los caminos se entrecruzan muchas veces y es difícil percibir el momento en que se equivocó la ruta. Entretanto, la base económica adaptada ha hecho su trabajo de zapa sobre el desarrollo de la conciencia. Para construir el comunismo, simultáneamente con la base material hay que hacer al hombre nuevo.

De allí que sea tan importante elegir correctamente el instrumento de movilización de las masas. Ese instrumento debe ser de índole moral, fundamentalmente, sin olvidar una correcta utilización del estímulo material, sobre todo de naturaleza social.

Como ya dije, en momento de peligro extremo es fácil potenciar los estímulos morales; para mantener su vigencia, es necesario el desarrollo de una conciencia en la que los valores adquieran categorías nuevas. La sociedad en su conjunto debe convertirse en una gigantesca escuela.

Las grandes líneas del fenómeno son similares al proceso de formación de la conciencia capitalista en su primera época. El capitalismo recurre a la fuerza, pero, además, educa a la gente en el sistema. La propaganda directa se realiza por los encargados de explicar la ineluctabilidad de un régimen de clase, ya sea de origen divino o por imposición de la naturaleza como ente mecánico. Esto aplaca a las masas que se ven oprimidas por un mal contra el cual no es posible la lucha.

A continuación viene la esperanza, y en esto se diferencia de los anteriores regímenes de casta que no daban salida posible.

Para algunos continuará vigente todavía la fórmula de casta: el premio a los obedientes consiste en el arribo, después de la muerte, a otros mundos maravillosos donde los buenos son premiados, con lo que sigue la vieja tradición. Para otros, la innovación: la separación en clases es fatal, pero los individuos pueden salir de aquella a que pertenecen mediante el trabajo, la iniciativa, etcétera. Este proceso, y el de autoeducación para el triunfo, deben ser profundamente hipócritas: es la demostración interesada de que una mentira es verdad.

En nuestro caso, la educación directa adquiere una importancia mucho mayor. La explicación es convincente porque es verdadera; no precisa de subterfugios. Se ejerce a través del aparato educativo del Estado en función de la cultura general, técnica e ideológica, por medio de organismos tales como el Ministerio de Educación y el aparato de divulgación del Partido. La educación prende en las masas y la nueva actitud preconizada tiende a convertirse en hábito; la masa la va haciendo suya y presiona a quienes no se han educado todavía. Esta es la forma indirecta de educar a las masas, tan poderosa como aquella otra.

Pero el proceso es consciente; el individuo recibe continuamente el impacto del nuevo poder social y percibe que no está completamente adecuado a él. Bajo el influjo de la presión que supone la educación indirecta, trata de acomodarse a una situación que siente justa y cuya propia falta de desarrollo le ha impedido hacerlo hasta ahora. Se autoeduca.

En este período de construcción del socialismo podemos ver el hombre nuevo que va naciendo. Su imagen no está todavía acabada; no podría estarlo nunca ya que el proceso marcha paralelo al desarrollo de formas económicas nuevas.

Descontando aquellos cuya falta de educación los hace tender al camino solitario, a la autosatisfacción de sus ambiciones, los hay que dentro de este nuevo panorama de marcha conjunta, tienen tendencia a caminar aislados de la masa que acompañan. Lo importante es que los hombres van adquiriendo cada día más conciencia de la necesidad de su incorporación a la sociedad y, al mismo tiempo, de su importancia como motores de la misma.

Ya no marchan completamente solos, por veredas extraviadas, hacia lejanos anhelos. Siguen a su vanguardia, constituida por el Partido, por los obreros de avanzada, por los hombres de avanzada que caminan ligados a las masas y en estrecha comunión con ellas. Las vanguardias tienen su vista puesta en el futuro y en su recompensa, pero ésta no se vislumbra como algo individual; el premio es la nueva sociedad donde los hombres tendrán características distintas: la sociedad del hombre comunista.

El camino es largo y lleno de dificultades. A veces, por extraviar la ruta, hay que retroceder; otras, por caminar demasiado aprisa, nos separamos de las masas; en ocasiones por hacerlo lentamente, sentimos el aliento cercano de los que nos pisan los talones. En nuestra ambición de revolucionarios tratamos de caminar tan aprisa como sea posible, abriendo caminos, pero sabemos que tenemos que nutrirnos de la masa y que ésta sólo podrá avanzar más rápido si la alentamos con nuestro ejemplo.

A pesar de la importancia dada a los estímulos morales, el hecho de que exista la división en dos grupos principales (excluyendo, claro está, a la fracción minoritaria de los que no participan, por una razón u otra, en la construcción del socialismo), indica la relativa falta de desarrollo de la conciencia social. El grupo de vanguardia es ideológicamente más avanzado que la masa; ésta conoce los valores nuevos, pero insuficientemente. Mientras en los primeros se produce un cambio cualitativo que les permite ir al sacrificio en su función de avanzada, los segundos sólo ven a medias y deben ser sometidos a estímulos y presiones de cierta intensidad; es la dictadura del proletariado ejerciéndose no sólo sobre la clase derrotada, sino también, individualmente, sobre la clase vencedora.

Todo esto entraña, para su éxito total, la necesidad de una serie de mecanismos, las instituciones revolucionarias. En la imagen de las multitudes marchando hacia el futuro, encaja el concepto de institucionalización como el de un conjunto armónico de canales, escalones, represas, aparatos bien aceitados que permitan esa marcha, que permitan la selección natural de los destinados a caminar en la vanguardia y que adjudiquen el premio y el castigo a los que cumplen o atenten contra la sociedad en construcción.

Esta institucionalidad de la Revolución todavía no se ha logrado. Buscamos algo nuevo que permita la perfecta identificación entre el Gobierno y la comunidad en su conjunto, ajustada a las condiciones peculiares de la construcción del socialismo y huyendo al máximo de los lugares comunes de la democracia burguesa, trasplantados a la sociedad en formación (como las cámaras legislativas, por ejemplo). Se han hecho algunas experiencias dedicadas a crear paulatinamente la institucionalización de la Revolución, pero sin demasiada prisa. El freno mayor que hemos tenido ha sido el miedo a que cualquier aspecto formal nos separe de las masas y del individuo, nos haga perder de vista la última y más importante ambición revolucionaria que es ver al hombre liberado de su enajenación.

No obstante la carencia de instituciones, lo que debe superarse gradualmente, ahora las masas hacen la historia como el conjunto consciente de individuos que luchan por una misma causa. El hombre, en el socialismo, a pesar de su aparente estandarización, es más completo; a pesar de la falta de mecanismo perfecto para ello, su posibilidad de expresarse y hacerse sentir en el aparato social es infinitamente mayor.

Todavía es preciso acentuar su participación consciente, individual y colectiva, en todos los mecanismos de dirección y producción y ligarla a la idea de la necesidad técnica e ideológica, de manera que sienta cómo estos procesos son estrechamente interdependientes y sus avances son paralelos. Así logrará la total conciencia de su ser social, lo que equivale a su realización plena como criatura humana, rotas las cadenas de la enajenación.

Esto se traducirá concretamente en la reapropiación de su naturaleza a través del trabajo liberado y la expresión de su propia condición humana a través de la cultura y el arte.

Para que se desarrolle en la primera, el trabajo debe adquirir una condición nueva; la mercancía-hombre cesa de existir y se instala un sistema que otorga una cuota por el cumplimiento del deber social. Los medios de producción pertenecen a la sociedad y la máquina es sólo la trinchera donde se cumple el deber. El hombre comienza a liberar su pensamiento del hecho enojoso que suponía la necesidad de satisfacer sus necesidades animales mediante el trabajo. Empieza a verse retratado en su obra y a comprender su magnitud humana a través del objeto creado, del trabajo realizado. Esto ya no entraña dejar una parte de su ser en forma de fuerza de trabajo vendida, que no le pertenece más, sino que significa una emanación de sí mismo, un aporte a la vida común en que se refleja; el cumplimiento de su deber social.

Hacemos todo lo posible por darle al trabajo esta nueva categoría de deber social y unirlo al desarrollo de la técnica, por un lado, lo que dará condiciones para una mayor libertad, y al trabajo voluntario por otro, basados en la apreciación marxista de que el hombre realmente alcanza su plena condición humana cuando produce sin la compulsión de la necesidad física de venderse como mercancía.

Claro que todavía hay aspectos coactivos en el trabajo, aun cuando sea voluntario; el hombre no ha transformado toda la coerción que lo rodea en reflejo condicionado de naturaleza social y todavía produce, en muchos casos, bajo la presión del medio (compulsión moral, la llama Fidel). Todavía le falta el lograr la completa recreación espiritual ante su propia obra, sin la presión directa del medio social, pero ligado a él por los nuevos hábitos. Esto será el comunismo.

El cambio no se produce automáticamente en la conciencia, como no se produce tampoco en la economía. Las variaciones son lentas y no son rítmicas; hay períodos de aceleración, otros pausados e incluso, de retroceso.

Debemos considerar, además, como apuntáramos antes, que no estamos frente al período de transición puro, tal como lo viera Marx en la Crítica del Programa de Gotha, sino a una nueva fase no prevista por él; primer período de transición del comunismo o de la construcción del socialismo. Este transcurre en medio de violentas luchas de clase y con elementos de capitalismo en su seno que oscurecen la comprensión cabal de su esencia.

Si a esto se agrega el escolasticismo que ha frenado el desarrollo de la filosofía marxista e impedido el tratamiento sistemático del período, cuya economía política no se ha desarrollado, debemos convenir en que todavía estamos en pañales y es preciso dedicarse a investigar todas las características primordiales del mismo antes de elaborar una teoría económica y política de mayor alcance.

La teoría que resulte dará indefectiblemente preeminencia a los dos pilares de la construcción: la formación del hombre nuevo y el desarrollo de la técnica. En ambos aspectos nos falta mucho por hacer, pero es menos excusable el atraso en cuanto a la concepción de la técnica como base fundamental, ya que aquí no se trata de avanzar a ciegas sino de seguir durante un buen tramo el camino abierto por los países más adelantados del mundo. Por ello Fidel machaca con tanta insistencia sobre la necesidad de la formación tecnológica y científica de todo nuestro pueblo y más aún, de su vanguardia.

En el campo de las ideas que conducen a actividades no productivas, es más fácil ver la división entre necesidad material y espiritual. Desde hace mucho tiempo el hombre trata de liberarse de la enajenación mediante la cultura y el arte. Muere diariamente las ocho y más horas en que actúa como mercancía para resucitar en su creación espiritual. Pero este remedio porta los gérmenes de la misma enfermedad: es un ser solitario el que busca comunión con la naturaleza. Defiende su individualidad oprimida por el medio y reacciona ante las ideas estéticas como un ser único cuya aspiración es permanecer inmaculado.

Se trata sólo de un intento de fuga. La ley del valor no es ya un mero reflejo de las relaciones de producción; los capitalistas monopolistas la rodean de un complicado andamiaje que la convierte en una sierva dócil, aun cuando los métodos que emplean sean puramente empíricos. La superestructura impone un tipo de arte en el cual hay que educar a los artistas. Los rebeldes son dominados por la maquinaria y sólo los talentos excepcionales podrán crear su propia obra. Los restantes devienen asalariados vergonzantes o son triturados.

Se inventa la investigación artística a la que se da como definitoria de la libertad, pero esta "investigación" tiene sus límites, imperceptibles hasta el momento de chocar con ellos, vale decir, de plantearse los reales problemas del hombre y su enajenación. La angustia sin sentido o el pasatiempo vulgar constituyen válvulas cómodas a la inquietud humana; se combate la idea de hacer del arte un arma de denuncia.

Si se respetan las leyes del juego se consiguen todos los honores; los que podría tener un mono al inventar piruetas. La condición es no tratar de escapar de la jaula invisible.

Cuando la Revolución tomó el poder se produjo el éxodo de los domesticados totales; los demás, revolucionarios o no, vieron un camino nuevo. La investigación artística cobró nuevo impulso. Sin embargo, las rutas estaban más o menos trazadas y el sentido del concepto fuga se escondió tras la palabra libertad. En los propios revolucionarios se mantuvo muchas veces esta actitud, reflejo del idealismo burgués en la conciencia.

En países que pasaron por un proceso similar se pretendió combatir estas tendencias con un dogmatismo exagerado. La cultura general se convirtió casi en un tabú y se proclamó súmmun de la aspiración cultural una representación formalmente exacta de la naturaleza, convirtiéndose ésta, luego, en una representación mecánica de la realidad social que se quería hacer ver; la sociedad ideal, casi sin conflictos ni contradicciones, que se buscaba crear.

El socialismo es joven y tiene errores. Los revolucionarios carecemos, muchas veces, de los conocimientos y la audacia intelectual necesarios para encarar la tarea del desarrollo de un hombre nuevo por métodos distintos a los convencionales y los métodos convencionales sufren de la influencia de la sociedad que los creó. (Otra vez se plantea el tema de la relación entre forma y contenido.) La desorientación es grande y los problemas de la construcción material nos absorben. No hay artistas de gran autoridad que, a su vez, tengan gran autoridad revolucionaria. Los hombres del Partido deben tomar esa tarea entre las manos y buscar el logro del objetivo principal: educar al pueblo.

Se busca entonces la simplificación, lo que entiende todo el mundo, que es lo que entienden los funcionarios. Se anula la auténtica investigación artística y se reduce el problema de la cultura general a una apropiación del presente socialista y del pasado muerto (por tanto, no peligroso). Así nace el realismo socialista sobre las bases del arte del siglo pasado.

Pero el arte realista del siglo XIX, también es de clase, más puramente capitalista, quizás, que este arte decadente del siglo XX, donde se transparenta la angustia del hombre enajenado. El capitalismo en cultura ha dado todo de sí y no queda de él sino el anuncio de un cadáver maloliente; en arte, su decadencia de hoy. Pero, ¿por qué pretender buscar en las formas congeladas del realismo socialista la única receta válida? No se puede oponer al realismo socialista "la libertad," porque ésta no existe todavía, no existirá hasta el completo desarrollo de la sociedad nueva; pero no se pretenda condenar a todas las formas de arte posteriores a la primera mitad del siglo XIX desde el trono pontificio del realismo a ultranza, pues se caería en un error proudhoniano de retorno al pasado, poniéndole camisa de fuerza a la expresión artística del hombre que nace y se construye hoy.

Falta el desarrollo de un mecanismo ideológico-cultural que permita la investigación y desbroce la mala hierba, tan fácilmente multiplicable en el terreno abonado de la subvención estatal.

En nuestro país, el error del mecanicismo realista no se ha dado, pero sí otro de signo contrario. Y ha sido por no comprender la necesidad de la creación del hombre nuevo, que no sea el que represente las ideas del siglo XIX, pero tampoco las de nuestro siglo decadente y morboso. El hombre del siglo XXI es el que debemos crear, aunque todavía es una aspiración subjetiva y no sistematizada. Precisamente éste es uno de los puntos fundamentales de nuestro estudio y de nuestro trabajo y en la medida en que logremos éxitos concretos sobre una base teórica o, viceversa, extraigamos conclusiones teóricas de carácter amplio sobre la base de nuestra investigación concreta, habremos hecho un aporte valioso al marxismo-leninismo, a la causa de la humanidad.

La reacción contra el hombre del siglo XIX nos ha traído la reincidencia en el decadentismo del siglo XX; no es un error demasiado grave, pero debemos superarlo, so pena de abrir un ancho cauce al revisionismo.

Las grandes multitudes se van desarrollando, las nuevas ideas van alcanzando adecuado ímpetu en el seno de la sociedad, las posibilidades materiales de desarrollo integral de absolutamente todos sus miembros, hacen mucho más fructífera la labor. El presente es de lucha; el futuro es nuestro.

Resumiendo, la culpabilidad de muchos de nuestros intelectuales y artistas reside en su pecado original; no son auténticamente revolucionarios. Podemos intentar injertar el olmo para que dé peras, pero simultáneamente hay que sembrar perales. Las nuevas concepciones vendrán libres del pecado original. Las probabilidades de que surjan artistas excepcionales serán tanto mayores cuanto más se haya ensanchado el campo de la cultura y la posibilidad de expresión. Nuestra tarea consiste en impedir que la generación actual, dislocada por sus conflictos, se pervierta y pervierta a las nuevas. No debemos crear asalariados dóciles al pensamiento oficial ni becarios que vivan al amparo del presupuesto, ejerciendo una libertad entre comillas. Ya vendrán los revolucionarios que entonen el canto del hombre nuevo con la auténtica voz del pueblo. Es un proceso que requiere tiempo.

En nuestra sociedad, juegan un gran papel la juventud y el Partido. Particularmente importante es la primera, por ser la arcilla maleable con que se puede construir al hombre nuevo sin ninguna de las taras anteriores.

Ella recibe un trato acorde con nuestras tradiciones. Su educación es cada vez más completa y no olvidamos su integración al trabajo desde los primeros instantes. Nuestros becarios hacen trabajo físico en sus vacaciones o simultáneamente con el estudio. El trabajo es un premio en ciertos casos, un instrumento de educación, en otros, jamás un castigo. Una nueva generación nace.

El Partido es una organización de vanguardia. Los mejores trabajadores son propuestos por sus compañeros para integrarlo. Este es minoritario pero de gran autoridad por la calidad de sus cuadros. Nuestra aspiración es que el Partido sea de masas, pero cuando las masas hayan alcanzado el nivel de desarrollo de la vanguardia, es decir, cuando estén educados para el comunismo. Y a esa educación va encaminado el trabajo. El Partido es el ejemplo vivo; sus cuadros deben dictar cátedras de laboriosidad y sacrificio, deben llevar, con su acción, a las masas, al fin de la tarea revolucionaria, lo que entraña años de duro bregar contra las dificultades de la construcción, los enemigos de clase, las lacras del pasado, el imperialismo...

Quisiera explicar ahora el papel que juega la personalidad, el hombre como individuo dirigente de las masas que hacen la historia. Es nuestra experiencia, no una receta.

Fidel dio a la Revolución el impulso en los primeros años, la dirección, la tónica siempre, pero hay un buen grupo de revolucionarios que se desarrollan en el mismo sentido que el dirigente máximo y una gran masa que sigue a sus dirigentes porque les tiene fe; y les tiene fe, porque ellos han sabido interpretar sus anhelos.

No se trata de cuántos kilogramos de carne se come o de cuántas veces por año pueda ir alguien a pasearse en la playa, ni de cuántas bellezas que vienen del exterior pueden comprarse con los salarios actuales. Se trata, precisamente, de que el individuo se sienta más pleno, con mucha más riqueza interior y con mucha más responsabilidad. El individuo de nuestro país sabe que la época gloriosa que le toca vivir es de sacrificio; conoce el sacrificio. Los primeros lo conocieron en la Sierra Maestra y dondequiera que se luchó; después lo hemos conocido en toda Cuba. Cuba es la vanguardia de América y debe hacer sacrificios porque ocupa el lugar de avanzada, porque indica a las masas de América Latina el camino de la libertad plena.

Dentro del país, los dirigentes tienen que cumplir su papel de vanguardia; y, hay que decirlo con toda sinceridad, en una revolución verdadera, a la que se le da todo, de la cual no se espera ninguna retribución material, la tarea del revolucionario de vanguardia es a la vez magnífica y angustiosa.

Déjeme decirle, a riesgo de parecer ridículo, que el revolucionario verdadero está guiado por grandes sentimientos de amor. Es imposible pensar en un revolucionario auténtico sin esta cualidad. Quizás sea uno de los grandes dramas del dirigente; éste debe unir a un espíritu apasionado una mente fría y tomar decisiones dolorosas sin que se contraiga un músculo. Nuestros revolucionarios de vanguardia tienen que idealizar ese amor a los pueblos, a las causas más sagradas y hacerlo único, indivisible. No pueden descender con su pequeña dosis de cariño cotidiano hacia los lugares donde el hombre común lo ejercita.

Los dirigentes de la Revolución tienen hijos que en sus primeros balbuceos, no aprenden a nombrar al padre; mujeres que deben ser parte del sacrificio general de su vida para llevar la Revolución a su destino; el marco de los amigos responde estrictamente al marco de los compañeros de Revolución. No hay vida fuera de ella.

En esas condiciones, hay que tener una gran dosis de humanidad, una gran dosis de sentido de la justicia y de la verdad para no caer en extremos dogmáticos, en escolasticismos fríos, en aislamiento de las masas. Todos los días hay que luchar porque ese amor a la humanidad viviente se transforme en hechos concretos, en actos que sirvan de ejemplo, de movilización.

El revolucionario, motor ideológico de la Revolución dentro de su partido, se consume en esa actividad ininterrumpida que no tiene más fin que la muerte, a menos que la construcción se logre en escala mundial. Si su afán de revolucionario se embota cuando las tareas más apremiantes se ven realizadas a escala local y se olvida el internacionalismo proletario, la revolución que dirige deja de ser una fuerza impulsora y se sume en una cómoda modorra, aprovechada por nuestros enemigos irreconciliables, el imperialismo, que gana terreno. El internacionalismo proletario es un deber pero también es una necesidad revolucionaria. Así educamos a nuestro pueblo.

Claro que hay peligros presentes en las actuales circunstancias. No sólo el del dogmatismo, no sólo el de congelar las relaciones con las masas en medio de la gran carrera; también existe el peligro de las debilidades en que se puede caer. Si un hombre piensa que, para dedicar su vida entera a la revolución, no puede distraer su mente por la preocupación de que a un hijo le falte determinado producto, que los zapatos de los niños estén rotos, que su familia carezca de determinado bien necesario, bajo este razonamiento deja infiltrarse los gérmenes de la futura corrupción.

En nuestro caso hemos mantenido que nuestros hijos deben tener y carecer de lo que tienen y de lo que carecen los hijos del hombre común; y nuestra familia debe comprenderlo y luchar por ello. La revolución se hace a través del hombre, pero el hombre tiene que forjar día a día su espíritu revolucionario.

Así vamos marchando. A la cabeza de la inmensa columna —no nos avergüenza ni nos intimida el decirlo— va Fidel, después, los mejores cuadros del Partido, e inmediatamente, tan cerca que se siente su enorme fuerza, va el pueblo en su conjunto; sólida armazón de individualidades que caminan hacia un fin común; individuos que han alcanzado la conciencia de lo que es necesario hacer; hombres que luchan por salir del reino de la necesidad y entrar al de la libertad.

Esa inmensa muchedumbre se ordena; su orden responde a la conciencia de la necesidad del mismo; ya no es fuerza dispersa, divisible en miles de fracciones disparadas al espacio como fragmentos de granada, tratando de alcanzar por cualquier medio, en lucha reñida con sus iguales, una posición, algo que permita apoyo frente al futuro incierto.

Sabemos que hay sacrificios delante nuestro y que debemos pagar un precio por el hecho heroico de constituir una vanguardia como nación. Nosotros, dirigentes, sabemos que tenemos que pagar un precio por tener derecho a decir que estamos a la cabeza del pueblo que está a la cabeza de América. Todos y cada uno de nosotros paga puntualmente su cuota de sacrificio, conscientes de recibir el premio en la satisfacción del deber cumplido, conscientes de avanzar con todos hacia el hombre nuevo que se vislumbra en el horizonte.

Permítame intentar unas conclusiones:

Nosotros, socialistas, somos más libres porque somos más plenos; somos más plenos por ser más libres.

El esqueleto de nuestra libertad completa está formado, falta la sustancia proteica y el ropaje; los crearemos.

Nuestra libertad y su sostén cotidiano tienen color de sangre y están henchidos de sacrificio.

Nuestro sacrificio es consciente; cuota para pagar la libertad que construimos.

El camino es largo y desconocido en parte; conocemos nuestras limitaciones. Haremos el hombre del siglo XXI: nosotros mismos.

Nos forjaremos en la acción cotidiana creando un hombre nuevo con una nueva técnica.

La personalidad juega el papel de movilización y dirección en cuanto que encarna las más altas virtudes y aspiraciones del pueblo y no se separa de la ruta.

Quien abre el camino es el grupo de vanguardia, los mejores entre los buenos, el Partido.

La arcilla fundamental de nuestra obra es la juventud: en ella depositamos nuestra esperanza y la preparamos para tomar de nuestras manos la bandera.

Si esta carta balbuceante aclara algo, ha cumplido el objetivo con que la mando.

Reciba nuestro saludo ritual, como un apretón de manos o un "Ave María Purísima." Patria o muerte.

# carlos marx

Carlos Marx (1818-1883) nació en el seno de una familia alemana en Trier. Mientras estudiaba leyes y filosofía en Bonn, fue influenciado por Hegel, pero fue pronto inclinándose por el estudio de la economía política. Después de tener un rol activo en las revoluciones de 1848, voló hacia el exilio primero hacia París y luego a Londres, lugar donde vivió el resto de sus días. En 1864 co-fundó la Primera Asociación Obrera Internacional que, entre otras actividades, organizó la solidaridad con la Comuna de París en 1871, con el movimiento independentista en Polonia y con las campañas para la abolición de la esclavitud. Su mayor trabajo sobre economía política *El Capital* fue publicado por primera vez en 1867.

# federico engels

Federico Engels (1820-1895) fue criado como devoto Calvinista en Rhineland. Se mudó a Inglaterra en 1842 para manejar el negocio textil de su padre en Manchester, lugar donde fue testigo presencial del impacto social de la revolución industrial. En 1848 Engels se unió a Marx en la *Neue Rheinische Zeitung* que se convirtió en voz importante del movimiento revolucionario que sacudió a Europa durante ese año. Exiliado a Inglaterra en 1850, Engels continuó su colaboración política con Marx, y juntos redactaron numerosos textos sobre teoría social, economía política, filosofía e historia. Engels editó el segundo y tercer tomo de *El Capital* luego de la muerte de Marx, y su propio trabajo sobre el materialismo dialéctico y sobre la opresión de la mujer en la sociedad de clases siguen hoy siendo contribuciones significativas para la teoría revolucionaria.

# rosa luxemburgo

Nacida en Warsaw en 1871, Rosa Luxemburgo fue una prominente líder del movimiento socialista europeo. Fue una activista política cuando aún estaba en la secundaria, para luego asistir a la universidad en Zurich donde las mujeres eran admitidas en condiciones igualitarias a los hombres. Viviendo en Suiza tuvo sus primeros encuentros con el Marxismo y con algunos de los líderes revolucionarios rusos en el exilio.

Muy clara y decidida en su oposición al militarismo y hacia la capitulación del Partido Demócrata Alemán al nacionalismo en la Primera Guerra Mundial, Rosa Luxemburgo fue apresada por sus convicciones en numerosas ocasiones. Le dió la bienvenida a la Revolución Rusa de 1917, y en un diálogo extenso con Lenin, ella argumentó sobre el socialismo democrático revolucionario y un aporte humanista para el marxismo. Escribió de manera extensa sobre historia, filosofía, economía política y luchas de trabajo, y fue conocida además por su brillante capacidad de oratoria en reuniones de partido y discursos de masas.

Fue asesinada junto a Carlos Liebknecht en enero de 1919 por fuerzas pro-fascistas en la inmediata represión de una revuelta popular en Berlín.

Una judía-polaca, valiente y brillante, Rosa Luxemburgo desafió todas las convenciones de su época. Sigue siendo hoy una de las más importantes intelectuales marxistas del siglo XX, y su internacionalismo, su crítica aguda al militarismo y al alzamiento global del capitalismo ofrecen pensamientos invaluables en el mundo de hoy.

# ernesto che guevara

Ernesto Guevara de la Serna nació en Argentina el 14 de junio de 1928. Hizo numerosos viajes a través de Latinoamérica durante e inmediatamente después de terminar sus estudios de medicina en Buenos Aires, incluyendo su viaje de 1952 que quedó registrado en las notas conocidas como los *Notas de viaje: diarios en motocicleta*.

Mientras vivía en Guatemala, en 1954, el gobierno electo de Jacobo Arbenz fue derrocado por un golpe de estado organizado por la CIA. Ernesto escapó hacia México, profundamente radicalizado. En julio de 1955, Guevara conoce a Fidel Castro y se enlista inmediatamente en la expedición guerrillera para derrocar al gobierno dictatorial de Fulgencio Batista en Cuba. Los cubanos lo apodan "Che" debido a su procedencia argentina. Después de la revolución cubana del 1ro de enero de 1959, el Che se convirtió en líder clave del nuevo gobierno revolucionario, representando a Cuba alrededor del mundo y en los foros internacionales.

Como había sido su intención desde que se unió al movimiento revolucionario cubano, el Che parte de Cuba en abril de 1965, inicialmente para dirigir una misión guerrillera para la resistencia de la lucha en el Congo. Regresó a Cuba de manera secreta en diciembre de 1965, para preparar otra misión guerrillera, esta vez en Bolivia, la cual extendería el movimiento revolucionario a Latinoamérica. Fue herido y capturado por un bando contrainsurgente boliviano entrenado por los Estados Unidos, el 8 de octubre de 1967. El día después fue asesinado y su cuerpo desaparecido.

# armando hart

Miembro fundador del Movimiento 26 de Julio en Cuba, Armando Hart (nacido en 1930) fue un activista clandestino en la lucha contra el dictador Fulgencio Batista. Fue arrestado y encarcelado, solo liberado luego de una rebelión de prisioneros los días posteriores a la Revolución Cubana de 1959. Fue nombrado ministro de educación en el gobierno revolucionario y lideró la campaña de alfabetización. Después (1976-1997) fue nombrado Ministro de Cultura. Su compañera, Haydée Santamaría, fue fundadora de la respetable institución latinoamericana de cultura conocida como la Casa de Las Américas. Armando Hart es autor de numerosos ensayos, artículos y libros sobre cultura, políticas culturales, historia y desarrollo social. Estos incluyen: *La cultura en el proceso de integración de América Latina; Del trabajo cultural; Cambiar las reglas del juego; Cultura en revolución; Hacia una dimensión cultural del desarrollo; Mi visión del Che de los '90* y *Perfiles*. Un nuevo libro, *Marxismo y la condición humana* ha sido publicado por Ocean Press. Ha recibido muchos premios y honores tanto en Cuba como en Latinoamérica. Hoy día Armando Hart es director de la Oficina del Programa Martiana y presidente de la Sociedad Cultural "José Martí" en Cuba, es además diputado a la Asamblea Nacional del Poder Popular (Parlamento) y miembro del Consejo de Estado.

# adrienne rich

Adrienne Rich nació en Baltimore, Estados Unidos, en el año 1929. Desde la elección de su primer volumen en 1951 por W.H Auden para el concurso de jóvenes poetas de Yale, su trabajo ha evolucionado de las formas cerradas a las poéticas del cambio, clavando sus raíces en la imaginación radical y la política. Sus libros de poesía incluyen: *Collected Early Poems 1950-1970*; *The Fact of a Doorframe: Selected Poems 1950-2001*; *The Dream of a Common Language*; *Your Native Land, Your Life*; *An Atlas of a Difficult World*; *Dark Fields of the Republic*; *Midnight Salvage*; y *Fox*. Sus trabajos en prosa incluyen: *Of Woman Born: Motherhood as an Experience and Institution*; *On Lies, Secrets, and Silence*; *Blood, Bread, and Poetry*; *What is Found There: Notebooks on Poetry and Politics*; y *Arts of the Possible: Essays and Conversations*. Su último volumen de poemas es *The School Among the Ruins: Poems 2000-2004*.

Su trabajo ha recibido muy buenas criticas y numerosos premios que incluyen el Ruth Lilly Prize, el Wallace Stevens Award, *Los Angeles Times* book award, The Lambda Literary Award, el Lenore Marshall/Nation Award, MacArthur Fellowship, el Lannan Literary Foundation Lifetime Achievement Award y el Bollingen Prize.

## AMÉRICA LATINA
### Despertar de un continente
*Por Ernesto Che Guevara*

La presente antología lleva al lector de la mano, a través de un ordenamiento cronológico y de diversos estilos, por tres etapas que conforman la mayor parte del ideario y el pensamiento de Che sobre América Latina.

523 páginas, ISBN 1-876175-71-0

## CHE DESDE LA MEMORIA
### Los dejo ahora conmigo mismo: el que fui
*Por Ernesto Che Guevara*

*Che desde la memoria* es una visión intimista y humana del hombre más allá del icono; es una extraordinaria fuente histórica que conjuga fotografías y textos de Che Guevara convertidos en testimonio y memoria de su reflexiva mirada sobre la vida y el mundo.

305 páginas, ISBN 1-876175-89-3

## CHE GUEVARA PRESENTE
### Una antología mínima
*Por Ernesto Che Guevara*

Una antología de escritos y discursos que recorre la vida y obra de Ernesto Che Guevara. *Che Guevara presente* nos muestra al Che por el Che, recoge trabajos cumbres de su pensamiento y obra.

460 páginas, ISBN 1-876175-93-1

## EL GRAN DEBATE
### Sobre la economía en Cuba
*Por Ernesto Che Guevara*

Con la tónica de una fraterna confrontación de ideas, abierta, profunda y fundamentalmente desde posiciones revolucionarias, para perfeccionar el socialismo desde la izquierda, se desarrolló el Debate que recoge este libro.

416 páginas, ISBN 1-876175-68-0

## FIDEL EN LA MEMORIA DEL JOVEN QUE ES

*Por Fidel Castro*

Este libro recoge, por primera vez en un solo volumen, los excepcionales testimonios que en contadas ocasiones el propio Fidel ha dado sobre su niñez y juventud.

183 páginas, ISBN 1-920888-19-5

## JUSTICIA GLOBAL

**Liberación y socialismo**

*Por Ernesto Che Guevara*

Estos trabajos escritos por Ernesto Che Guevara, que constituyen verdaderos clásicos, nos presentan una visión revolucionaria de un mundo diferente en el cual la solidaridad humana, la ética y el entendimiento reemplazan a la explotación y agresión imperialista.

78 páginas, ISBN 1-876175-46-X

## ANTONIO GRAMSCI

**Vidas Rebeldes**

¿Quién es Antonio Gramsci? Teórico y activista marxista, reconocido revolucionario italiano cuyo pensamiento se ha tornado célebre a nivel mundial, constituye uno de esos "imprescindibles" de los que hablaba Bertolt Brecht. Los escritos de Gramsci son leídos, consultados, estudiados e interpretados con pasión por miles y miles de jóvenes en todos los continentes del mundo.

132 páginas ISBN 1-920888-59-4

## ROSA LUXEMBURGO

**Vidas Rebeldes**

La obra de Rosa Luxemburgo, su pensamiento marxista, su ética revolucionaria y ejemplo de vida, continúan vivos. El nombre de Rosa, amada y admirada por los jóvenes más radicales y combativos de todas partes del mundo, suigue siendo en el siglo XXI sinónimo de rebelión y revolución.

132 páginas ISBN 1-920888-60-8

## EL DIARIO DEL CHE EN BOLIVIA
**Edición autorizada**

*Por Ernesto Che Guevara*

*Prólogo por Camilo Guevara, Introducción por Fidel Castro*

El último de los diarios del Che, encontrado en su mochila en octubre de 1967, se convirtió de forma instantánea en uno de sus libros más célebre. La edición que se le entrega al lector ha sido revisada e incluye un prefacio de su hijo, Camilo Guevara, así como algunas fotos inéditas de la contienda.

300 páginas, ISBN 1-920888-30-6

## PASAJES DE LA GUERRA REVOLUCIONARIA
**Edición autorizada**

*Por Ernesto Che Guevara*

*Prefacio por Aleida Guevara*

Un escrito clásico que recuenta la guerra popular que transformó a un pueblo entero, y transformó al mismo Che—desde médico de las tropas a revolucionario reconocido a través del mundo. Con un prefacio por Aleida Guevara, hija de Che Guevara, y una nueva edición que incluye las correcciónes propias del autor.

300 páginas, ISBN 1-920888-36-5

## NOTAS DE VIAJE
**Diario en motocicleta**

*Por Ernesto Che Guevara*

*Prólogo por Aleida Guevara*

Vívido y entretenido diario de viaje del Joven Che. Esta nueva edición incluye fotografías inéditas tomadas por Ernesto a los 23 años, durante su travesía por el continente, y está presentada con un tierno prólogo de Aleida Guevara, quien ofrece una perpectiva distinta de su padre, el hombre y el icono de millones de personas.

168 páginas, ISBN 1-920888-12-8

## AMÉRICA LATINA ENTRE SIGLOS
**Dominación, crisis, lucha social y alternativas políticas de la izquierda**
*Por Roberto Regalado*

*América Latina entre siglos* sintetiza las vivencias y reflexiones acumuladas por un testigo privilegiado, activo participante durante más de 30 años en los debates de la izquierda latinoamericana y caribeña. Cuatro procesos —concluye el autor— caracterizan la situación latinoamericana en el tránsito entre los siglos XX y XXI: la sujeción a un esquema de dominación foránea, cualitativamente superior al de posguerra; el agravamiento de la crisis capitalista; el auge de las luchas populares; y las redefiniciones estratégicas y tácticas de los partidos y movimientos políticos de izquierda.
200 páginas, ISBN 1-920888-35-7

## TANIA LA GUERRILLERA
**y la epopeya suramericana del Che**
*Por Ulises Estrada*

Tania, la fascinante mujer que luchó y murió por sus ideales junto al Che Guevara en Bolivia, deviene en paradigma de rebeldía y combate por la justicia social. Su compañero en Cuba, Ulises Estrada es testigo excepcional para ofrecernos una apasionada biografía de la mujer que dedicó su vida en los años 1960 a la liberación de América Latina.
350 páginas, ISBN 1-920888-21-7

## MARX, ENGELS Y LA CONDICIÓN HUMANA
**Una visión desde Latinoamérica**
*Por Armando Hart*

Los materiales que integran la presente recopilación, constituyen una muestra de la recepción y actualización que hizo el autor de las ideas de Marx y Engels a partir de la tradición revolucionaria cubana, tras los difíciles momentos del derrumbe del campo socialista en Europa Oriental y la Unión Soviética, hasta la actualidad.
240 páginas, ISBN 1-920888-20-9